D1321211

LES MIRACLES
DE L'ADOPTION

30 histoires merveilleuses

Données de catalogage avant publication (Canada)

Martineau, Marie-Chantal, 1962-

Les miracles de l'adoption: 30 histoires merveilleuses

ISBN 2-89436-050-9

1. Adoption. 2. Adoptés - Biographies. 3. Parent adoptifs - Biographies. I. Titre.

HV875.M37 2000   362.73'4   C00-941961-6

Infographie:
    Caron & Gosselin

Mise en pages:
    Composition Monika, Québec

Révision linguistique:
    Renée Lemay

Éditeur:
    Éditions Le Dauphin Blanc
    C.P. 55, Loretteville, Qc, G2B 3W6
    Tél.: (418) 845-4045 – Fax (418) 845-1933
    E-mail: dauphin@mediom.qc.ca

ISBN 2-89436-050-9

Dépôt légal:
    4ᵉ trimestre 2000
    Bibliothèque nationale du Québec
    Bibliothèque nationale du Canada

Marie-Chantal Martineau

LES MIRACLES
DE L'ADOPTION

30 histoires merveilleuses

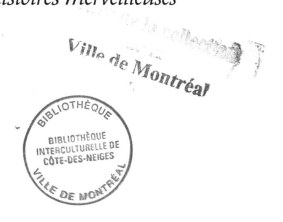

Le Dauphin Blanc

Du même auteur

Mon album d'adoption, Éditions le Dauphin Blanc, 1998.

Ce livre est tendrement dédié à ces enfants:

À ma petite Alicia qui vit dans mon cœur et que j'attends avec espoir.

À Angélica et à Anthony, qui sont déjà dans mes bras et que j'aime plus que tout.

À tous les petits miracles que j'ai eu la joie d'embrasser et de connaître, entre autres Allison, Annabelle, Anne-Katherine, Aude, Émylie-Jeanne, Félix, Jérôme, Jessie, Josiane, Juliette, Maïna, Malie, Marco, Marina, Meigan, Mei-Anne, Miguel, Océane, Philippe, Thomas et Yan-Philippe.

À tous les autres petits miracles adoptés aux quatre coins du monde et que je ne connaîtrai jamais.

Et à tous les petits trésors restés dans l'ombre de l'oubli et de l'abandon.

Remerciements

À l'homme de ma vie et mon éditeur, Alain, pour sa confiance, son soutien et son aide constante dans la réalisation de cet ouvrage, ainsi que pour son amour et sa complicité dans l'atteinte de nos rêves les plus fous.

À mes deux enfants, Angélica et Anthony, pour leur venue qui m'a appris à croire aux miracles et pour l'exquise tendresse qu'ils me témoignent jour après jour.

À ma mère, pour son amour et pour son enthousiasme envers mes rêves et mes projets.

À mon père, que j'aimerai toujours.

À Jacques, pour la réalisation réussie de la couverture.

À Renée, pour la correction indispensable de mes textes.

À tous ceux et celles qui m'ont ouvert la porte de leur cœur pour me confier les moments les plus intimes et les plus émouvants de leur vie. Leur enthousiasme m'a émue tout autant que leurs magnifiques histoires, véritables témoignages de courage, d'espoir et d'amour.

Prends garde à ce petit être;
Il est bien grand, il contient Dieu.
Les enfants sont, avant de naître,
Des lumières dans le ciel bleu.

Dieu nous les donne en sa largesse;
Ils viennent; Dieu nous en fait don.
Dans leur rire, il met sa sagesse
Et dans leur baiser, son pardon.

Leur douce clarté nous effleure,
Hélas! Le bonheur est leur droit.
S'ils ont faim, le paradis pleure,
Et le ciel tremble s'ils ont froids...

Oh! Quel tonnerre au fond des cieux,

Quand Dieu cherchant ces êtres frêles,
Que dans l'ombre où nous sommeillons,
Il nous les envoie avec des ailes,
Les retrouve avec des haillons!

Victor Hugo

Préface

*C*es petits êtres que nous adoptons, ces enfants qui n'ont rien d'autre que leur souffle et qui nous sont confiés souvent avec des haillons, retrouvent par notre amour leurs ailes et leur dignité. Et nous, parents victorieux, renaissons en leur ouvrant notre cœur et en leur partageant notre vie.

Le véritable miracle de l'adoption réside dans la rencontre de deux détresses: celle de l'abandon et celle du vide. Et il trouve sa voie par deux désirs: avoir des parents et aimer un enfant. Ces deux désirs se rejoignent car la vie unit les cœurs qui les caressent. Les racines s'offrent en partage et le bout du monde n'est plus si loin. Ainsi surgissent les plus belles histoires d'amour, des histoires d'adoption!

J'ai vécu les réticences du corps à la grossesse, les larmes brûlantes à chaque mois, les «tu y penses trop» et les blagues sur la façon de s'y prendre. J'ai envié les gros ventres ronds, porteurs de précieux trésors, alors que mon tour n'arrivait jamais. J'ai connu le désespoir et la souffrance qu'un cruel et injuste verdict d'infertilité nous inflige.

Mais un jour, le ciel de mes rêves est redevenu bleu, le soleil de l'adoption me réchauffait. J'ai vécu la joie immense de porter mes enfants dans mon cœur et plus tard de les tenir dans mes bras. Ce ne fut pas un parcours facile et sans embûche, mais combien grand, enrichissant et inoubliable.

Finalement, ce corps fermé à la maternité physique m'aura permis d'ouvrir toutes grandes les portes de mon cœur. Les enfants du monde entier sont devenus mes enfants.

Pour rien au monde je ne changerais mon histoire. Car cette merveilleuse aventure m'a permis de vivre les plus grandes émotions et les plus belles joies de ma vie. Elle fut jalonnée d'évènements magiques et inattendus qui ont fait naître en moi la conviction que les enfants que nous avons adoptés étaient véritablement ceux qui nous étaient destinés et qu'ils avaient simplement emprunté un chemin différent pour nous retrouver.

L'adoption est un acte fertile. La véritable stérilité réside dans les cœurs. Et à cause d'elle, des milliers d'enfants resteront sans avenir, sans protection et sans amour. Personne ne viendra les chercher. Le désir acharné d'un enfant biologique, les méthodes de procréation artificielles, les sommes astronomiques qui y sont englouties, la congélation du sperme d'un mari décédé, les mères et même les grands-mères porteuses, tout cela semble bien illusoire et futile. Surtout lorsqu'on a vécu l'adoption et qu'on a été confronté à la misère, qu'on a traversé des bidonvilles, qu'on a visité des orphelinats tristes, qu'on a caressé des enfants martyrisés et qu'on a pleuré pour tous les petits aux grands yeux suppliants qu'on ne pouvait ramener avec soi.

Nous éprouvons, mon mari et moi, énormément de reconnaissance envers la vie. Nous avons acquis la certitude que tout fut parfaitement orchestré pour que se concrétisent les rendez-vous d'amour avec nos enfants. Plusieurs fois, sur le chemin parfois sinueux de la longue attente, nous avons été touchés par de véritables clins d'œil du ciel, nous laissant à la fois étonnés et stimulés à poursuivre. Ces grossesses spirituelles ont permis que, même avant qu'ils nous soient confiés, de nombreux liens nous unissaient déjà à nos enfants. Ces évènements, pour le moins bouleversants, sont inscrits à jamais dans nos cœurs.

Au fil des années, nous avons rencontré beaucoup d'autres aventuriers de l'amour. Nous avons découvert que les histoires d'adoption de ces couples étaient aussi touchantes et aussi merveilleuses que la nôtre. Des coïncidences incroyables, des circonstances providentielles, de l'aide inattendue, des instants magiques, bref des petits miracles semblables à ceux que nous avions vécus jalonnaient l'histoire de ces couples adoptifs.

Devant tous ces merveilleux témoignages entendus, la pertinence de les regrouper dans un volume afin de les partager m'est apparue évidente. Ce livre est né ainsi. Les longues heures au téléphone, les nombreuses lettres et les télécopies m'ont dévoilé des histoires émouvantes, étonnantes et belles. En les écrivant, j'ai ri et j'ai pleuré. Elles m'ont séduite et m'ont émue. Elles illustrent si bien la grandeur de la vie et la profondeur de l'amour.

Je vous les offre, au nom de tous ceux et celles qui les ont vécues, afin qu'elles vous apportent une vision intérieure du phénomène de l'adoption. Puissent ces témoignages réconforter et inspirer des couples qui souffrent et hésitent encore devant l'adoption et leur insuffler la ténacité qui les mèneront jusqu'à l'enfant qui les attend. Si par ce livre, un, cent ou mille enfants trouvaient chaleur et amour dans les bras de parents adoptifs, je serais largement récompensée de tous les efforts et du temps que j'y ai consacrés.

Je vous laisse à la lecture de ces perles de bonheur, en souhaitant qu'elles enjolivent votre vie et votre cœur comme autant de baisers d'enfants heureux.

Marie-Chantal Martineau

Les enfants de notre foi

Confortablement assise dans mon fauteuil berçant, je regarde mon adorable poupon de huit mois, blotti contre moi, boire goulûment son premier biberon de la journée. Ma mignonne petite fille de trois ans, assise sur le bras du fauteuil, m'enlace tendrement et cherche à réchauffer ses petites mains froides en les glissant sous mon peignoir.

En ce joli matin ensoleillé du mois de février, je savoure un moment béni, qui pour bien des gens ne serait qu'une tâche simple et banale du quotidien. Mon quotidien à moi, c'est le ciel. Le simple fait d'être entourée de mes enfants s'avère une prière dans mon cœur. L'amour inonde ce matin froid d'hiver. Et l'amour n'est-il pas le but ultime de la vie? Je souris en pensant que je suis à contre-courant de cette société de performance qui trouve souvent démodées les relations affectives intenses et les valeurs familiales et qui valorise plutôt l'autonomie et l'indépendance. Je ferme les yeux, me sentant profondément en paix et heureuse de ma vie et de mes choix.

Soudain, un serrement dans la poitrine accompagne un souvenir douloureux. Je repense à la jeune femme triste que j'étais et qui vivait alors secrètement une souffrance innommable, une obsession même. Le désir d'être mère était né en moi à l'aube même de ma propre enfance, à l'époque de mes poupées, et ne m'avait jamais quittée.

Ne pouvant le réaliser, j'attendais, seule et désolée. Ce désir secouait toutes les cellules de mon corps de femme. Aucune carrière, aucun talent, aucun but ne pouvait refouler, encore moins éteindre, ce désir de tenir dans mes bras un enfant que j'attendais, il me semble, depuis des siècles. Tout au long de mon enfance, l'angoisse, la peur et même la fatale certitude que mon corps n'enfanterait pas me hantaient. Sans doute mon âme savait-elle déjà ce que ma tête refusait d'admettre. Je croyais ne jamais pouvoir oublier cette trahison de mon corps qui me brisait le cœur.

Aujourd'hui, je peux toucher cette douleur quand je le veux. Elle sera toujours en moi. Au fond, je souhaite m'en souvenir car cette douleur habite au sein même de la profonde gratitude que je ressens à chaque fois que j'enlace mes enfants et que leurs baisers honorent mes joues, comme en ce délicieux petit matin d'hiver.

Les douces caresses des mains réchauffées de ma petite Angélica me sortent de mes pensées. Anthony savoure les dernières gouttes de lait de son biberon. Des matins comme celui-ci ravivent toujours les précieux souvenirs des circonstances «miraculeuses» qui ont précédé la venue de chacun de nos enfants. Elles sont nombreuses. Jamais je ne les oublierai.

À la fin des années 80, nous habitions un tout petit mais coquet 2½ meublé. Cet appartement était le nid de deux véritables amoureux qui ne se quittaient jamais. À cet époque, je peignais régulièrement en vue d'une exposition déjà planifiée. J'avais peint un tableau sur le thème de la conception. Il représentait mon mari et moi, enlacés dans un univers féerique. Au-dessus de nos silhouettes, j'avais peint un visage de bébé émergeant d'un nuage vaporeux. Par la suite, en regardant ce visage que j'avais peint sans aucun modèle, une curieuse et douce émotion fit couler quelques larmes sur mes joues. Ce bébé ne ressemblait pas aux enfants québécois! Au fil des années, à plusieurs reprises, j'ai voulu retoucher ce tableau afin de corriger ce visage d'enfant. Heureusement, je n'en ai jamais eu le temps. Ce n'est que bien des années plus tard, après l'adoption de notre premier enfant, que je compris le sens de ce tableau. Le petit visage peint ressemble étrangement à celui de nos enfants.

À la même époque, je demandais à mon mari s'il était d'accord pour que les prénoms de nos enfants commencent par la lettre A; comme Amour, comme Alain (c'est son prénom!)... Évidemment, il me donna son accord, un petit sourire de fierté au coin des lèvres. C'était notre secret intime.

À notre insu, avant même que nous pensions à l'adoption, les premiers balbutiements d'une longue suite d'évènements surprenants nous reliaient déjà à nos futurs enfants.

Les années passaient, les déceptions s'accumulaient, les examens se succédaient et les larmes coulaient. Finalement, le verdict médical trancha. Nos chances de procréer étaient presque nulles. Le deuil fut douloureux.

Après avoir touché le centre de ma douleur, l'adoption s'imposa comme une évidence. Les sentiments de pertes et les larmes s'envolèrent pour faire place à un feu de fierté, de plénitude et d'amour. Un enthousiasme nouveau réanimait mon âme blottie dans la peine. Telle une initiation, je vivais la joie de sentir mon cœur s'ouvrir et grandir dans un puissant souffle d'amour. Les trahisons de la vie incitent à l'ouverture ou à la fermeture. J'avais choisi de rester ouverte, au nom de mon rêve. Pour parvenir à vivre la maternité, je ne pouvais compter sur mon corps, mais j'avais ma persévérance, ma foi et surtout mon cœur débordant d'amour pour les enfants de la terre entière.

Le 28 février 1994, la grande aventure débutait par notre inscription pour l'adoption d'un enfant en Colombie. Notre demande portait sur un bébé, garçon ou fille. La possibilité d'accueillir un bébé âgé de quelques mois seulement m'avait littéralement séduite et enchantée. Dès lors, je ne focalisais plus sur mon ventre mais bien sur le temps, devenu mon pire ennemi. À cette époque, l'attente s'avérait longue. Pour meubler cette attente, j'assistais, accompagnée de mon mari, à toutes les fêtes organisées par notre agence. Ces réunions m'étaient bénéfiques. Tous les beaux enfants que j'y rencontrais me confirmaient que mon rêve serait un jour une réalité.

Le premier clin d'œil du ciel nous vint d'ailleurs lors de notre première participation à la fête estivale de l'agence, six mois après notre inscription. La journée avait été radieuse. Le chaud soleil du mois d'août semait la joie dans les cœurs des parents et des enfants. Nous étions séduits, mon mari et moi, par tous ces mignons visages d'enfants heureux. Et les témoignages d'adoption de nos nouveaux amis nous encourageaient et nous motivaient. Au retour, nous roulions tranquillement, perdus dans nos pensées.

— Ce fut une journée merveilleuse, dis-je à mon mari en lui prenant la main.

Nous nous sommes regardés un instant. Nous étions plus convaincus que jamais et nous décidâmes, d'un commun accord, de nous atteler à une tâche qui risquait de faire obstacle à notre projet: amasser les fonds nécessaires pour défrayer tous les coûts reliés à l'adoption. À cet instant même, je regardai à l'extérieur et vis des billets de banque sur la chaussée, tout près du trottoir.

— Là, il y a de l'argent là sur la rue! M'écriai-je, étonnée.

Mon mari freina immédiatement et rangea l'auto sur l'accotement. Il en descendit, couru derrière puis revint prendre place au volant. Il me tendit deux billets de 20 $ et un billet de 2 $. Nous avions beau regarder autour de nous, personne ne se trouvait dans les parages. Au moment où nous avions exprimé le désir sincère de tout mettre en branle pour réunir les fonds nécessaires, ces billets de banque se trouvèrent sur notre route. Nous y avons vu un bon présage. Nous étions émus, étonnés et même bouleversés. Cette heureuse coïncidence nous apporta la conviction que nous allions réussir, que notre rêve se réaliserait, malgré nos revenus modestes de l'époque et les imposants frais reliés à la démarche d'adoption internationale. La somme trouvée était minime, mais elle symbolisait l'assistance du ciel. Dès lors, dans mon for intérieur, je savais que nous aurions l'aide nécessaire.

Stimulés et enthousiastes, nous fîmes le reste du trajet d'une heure en échangeant sur les possibilités qui s'offraient à nous pour accumuler le montant requis. Les idées fleurissaient et nous échafaudions déjà des projets. Mon mari, guitariste amateur, proposa d'offrir des concerts-bénéfice à notre domicile. Connaissant aussi l'implication généreuse des communautés religieuses dans des causes humanitaires, il eut l'idée de demander des dons à certaines d'entre elles. Quant à moi, mon talent d'artiste peintre pouvait contribuer à amasser des fonds.

Après deux mois de pratiques assidues, nous donnions une série de trois concerts durant le mois d'octobre 1994. Notre maison, transformée en salle de spectacle improvisée, fut envahie par des amis, des membres de nos familles et même des inconnus venus écouter un répertoire spécialement choisi pour la cause. Une cinquantaine de personnes, à chacun des spectacles, chantaient avec nous, les larmes aux yeux, *«prendre un enfant par la main...»*. Souvenirs inoubliables.

Les mois passèrent, puis en décembre 94, neuf mois après notre inscription, un nouvel événement inusité survint.

À cette époque, nous étions propriétaire d'une charmante librairie. Mais en cette journée glaciale de décembre, j'étais lasse et morose. J'étais loin de me douter que cette journée me réservait une agréable surprise. La librairie était bondée lorsque je vis entrer un jeune homme qui nous avait été présenté quelques mois auparavant lors d'un événement particulier. Le jeune homme savait que nous étions propriétaire de la librairie, sans plus. Il attendit que les clients quittent la librairie pour s'approcher du comptoir avec un grand sourire.

– Bonjour, dit-il amicalement, te souviens-tu de moi?

– Bien sûr, répondis-je, tu te prénommes Patrick, non?

– Oui, c'est cela. Je suis venu te voir parce que j'ai rêvé à toi, la nuit dernière.

J'étais très étonnée puisque nous nous connaissions à peine. Il me demanda alors si j'attendais un bébé. Lorsque je lui répondis par l'affirmative, il eut l'air surpris à son tour.

– Dans mon rêve, me confia-t-il, tu étais enceinte. Mais bizarrement, ce n'était pas ton corps physique ni celui de ton mari que je voyais. Pourtant, je suis persuadé que c'est ton bébé que j'ai vu et ressenti.

Stupéfaite, je restai un instant bouche bée. Des frissons me parcouraient le corps. Je racontai ensuite à Patrick que nous étions en démarche d'adoption, ce qui expliquait l'étrangeté de son rêve. Nous étions tous les deux émus. Patrick décida de poursuivre ses confidences.

– Cette âme est incroyablement belle et radieuse, dit-il en décrivant ce qu'il ressentait. Ce sera une fille et la première lettre de son prénom sera un A.

Je le regardai droit dans les yeux, abasourdie par ce que je venais d'entendre. Comment avait-il pu savoir pour la lettre A? Mon mari et moi n'en avions jamais parlé, même à nos proches. C'était notre secret d'amoureux.

– Patrick, tu ne devineras jamais... Nous avons effectivement choisi pour nos enfants des prénoms commençant par la lettre A!

Aussi bouleversé et impressionné que moi, Patrick me répéta à quel point il ressentait la beauté de notre futur enfant. Il resta encore quelques instants, puis partit, tout aussi ravi que je pouvais l'être. Silencieuse et seule, je repensai aux paroles de Patrick. Il avait parlé d'une fille. L'adoption en Colombie permettait le choix du sexe de notre enfant. Toutefois, nous n'avions rien spécifié sur notre dossier, laissant la vie suivre son cours et déterminer le sexe de l'enfant. Nous avions des prénoms pour les deux alternatives: Angélica ou Angélie pour une fille et Anthony pour un garçon. Mais Patrick avait ravivé mon désir d'avoir une fille. J'avais toujours rêvé d'avoir une petite fille aux cheveux bouclés, née sous le signe zodiacal Cancer, comme moi et comme ma mère. Même si les probabilités que cela se produise étaient minces, je n'avais jamais abandonné ce rêve. Et en cette fin de journée de décembre, j'étais persuadée qu'une petite Angélica venait de se manifester à moi par l'entremise de ce jeune messager que je n'oublierai jamais.

Les mois s'écoulaient et l'attente se poursuivait.

Un an après notre inscription, en février 95, j'entrepris de suivre un cours d'espagnol afin de mieux me préparer pour notre voyage en Amérique du Sud. J'avais raté les deux premiers cours, mais l'enseignante, d'origine chilienne, m'invita à des séances privées, question de reprendre la matière déjà assimilée par le groupe. Je me rendis donc chez-elle, par un beau samedi matin. Avant d'entamer la matière, nous fîmes connaissance et je lui parlai de notre projet d'adoption et de notre voyage imminent en Colombie.

– Nous ignorons si ce sera une fille ou un garçon, mais son prénom débutera par la lettre A, lui confiai-je candidement.

– A comme dans Angélica! Me lança-t-elle aussitôt.

J'étais estomaquée.

– C'est comme si on m'avait soufflé ce prénom à l'oreille, crut-elle bon de rajouter devant ma mine étonnée.

Lorsque je lui confiai que c'était le prénom que nous avions choisi pour une fille, elle fut tout aussi surprise que moi.

23

Suite à ces deux derniers évènements, j'éprouvais un sentiment puissant, une évidence même; nous devions demander une fille. Il était clair pour moi qu'une petite Angélica nous avait fait signe à deux reprises. Mon mari abonda dans le même sens et d'un commun accord, nous avisâmes l'agence de notre décision d'attendre une petite fille. Beaucoup plus tard, nous comprîmes l'importance d'avoir suivi notre intuition lorsque nous apprîmes que le couple qui nous précédait et celui qui nous suivait sur la liste avaient eut la proposition de garçons mais que les mères biologiques étaient revenues sur leur décision et gardaient leur bébé. Ce qui ne s'était pas produit depuis très longtemps. Comme nous étions avant et après ces couples sur la liste, l'orphelinat nous aurait proposé ces garçons si nous n'avions pas spécifié «Fille» sur notre demande. Cruel déchirement pour ces couples, même si on leur a proposé d'autres bébés par la suite, déchirement que nous aurions vécu péniblement.

Nous étions donc décidé pour le sexe de notre enfant. Mais je demeurais hésitante sur le prénom. J'adorais «Angélica» et j'aimais beaucoup «Angélie». Je n'arrivais pas à en choisir un en particulier... Jusqu'à un certain soir où tout devint clair. Nous venions tout juste de nous mettre au lit. Je n'étais pas encore endormie. C'est alors que j'entendis la plus mignonne voix de fillette jamais entendue.

– Angélica...C'est moi, Angélica! Murmura cette voix, claire et limpide comme le chant du ruisseau.

J'ouvris grand les yeux, émerveillée. Saine d'esprit, je n'avais jamais entendu de voix auparavant. C'était la première fois qu'un tel phénomène se produisait dans ma vie. Excitée, je réveillai mon mari et lui annonçai que le prénom de notre petite fille serait finalement «Angélica».

À partir de cet instant, j'attendais Angélica, ma petite fille. Je pensais à elle à tous les jours. Comment serait-elle? Aurait-elle les cheveux bouclés, comme je le souhaitais? Je savais pourtant que la majorité des enfants colombiens n'avaient pas les cheveux frisés. La tendance était plutôt aux cheveux droits. Néanmoins, j'entretenais ma vision d'une petite fille aux cheveux bouclés. Cette vision était parfois renforcie par d'autres clins d'œil: ma mère avait rêvé à elle et avait vu ses cheveux frisés. Puis une charmante dame que nous connaissions avait eu la vision d'une fillette aux cheveux bouclés en tricotant une robe pour Angélica.

Les mois s'écoulaient lentement. L'attente était longue.

En juillet 95, pour mon anniversaire, mon mari me fit choisir mon cadeau, ce qui était inhabituel puisqu'il avait toujours eu d'excellentes idées pour me choyer.

– J'aimerais recevoir un arbre que nous planterions dans notre cour et qui symboliserait la venue d'Angélica, notre premier enfant, lui avouais-je.

Étonné de cette demande inattendue, il trouva néanmoins l'idée excellente puisque nous n'avions aucun arbre dans notre cour. En magasinant l'arbre, je tombai amoureuse d'un joli petit pommier décoratif aux fleurs printanières blanches. Nous l'avons acheté et sommes retournés à la maison sans attendre pour le transplanter. Une fois le travail terminé, je remarquai une discrète étiquette blanche autour du tronc, entre les branches.

«Sans doute le nom de cette sorte de pommier est-il inscrit sur l'étiquette», pensai-je en retournant ladite étiquette. *White Angel!* Incroyable! Le nom du pommier est l'Ange blanc. Il nous semblait que, du haut des cieux, notre petite Angélica, que mon mari surnommait parfois l'ange délicat, se manifestait de nouveau à nous. Décidément, Angélica préparait sa venue parmi nous.

L'été passa et fit place à l'automne. Une année et demie s'était écoulée depuis notre inscription à l'agence. Notre position sur la liste d'attente s'améliorait constamment. Notre tour viendrait assurément durant la prochaine année. Il était temps de faire le point sur nos finances. Malgré les recettes des premiers concerts et la vente de plusieurs tableaux, nous constations qu'il nous manquait encore beaucoup de sous pour réaliser notre projet. Motivés et courageux, nous avons repris guitare, flûte et chansons pour une autre série de concerts à la maison. De nouveau, nous eûmes beaucoup de succès. Les gens passèrent une agréable soirée, partagés entre les rires et les larmes. Tous ces gens venus bien plus pour la cause que pour nos talents musicaux limités ont porté Angélica dans leur cœur avec nous.

À la même époque, nous fûmes invités à une station de radio locale afin de partager notre projet avec les auditeurs. Quelle ne fut pas notre surprise de recevoir des dons, par le courrier, de gens touchés par notre histoire!

Mon mari jugea qu'il était temps de lancer la campagne de demandes de dons auprès des communautés religieuses. De nouveau, le succès de l'opération dépassa nos attentes. De généreux dons aboutirent dans notre boîte aux lettres, nous soutirant à chaque fois des larmes de joie et de reconnaissance. Nous ne pouvions oublier le bon présage de l'argent trouvé dans la rue au retour d'une fête de l'agence. D'autres dons offerts par des gens près de nous ou même par des personnes placées sur notre route, nous confirmaient que les bénédictions du ciel se déversaient sur nous.

Février 96. Notre dossier était enfin en Colombie, entre les mains de la directrice de l'orphelinat. Deux ans s'étaient écoulés depuis notre inscription. L'angoisse de l'attente devenait insupportable. J'attendais désespérément des nouvelles de l'agence, mais en vain. J'en étais venue à éviter certains endroits ou quelques réunions de famille. Je devais toujours répondre négativement à la même éternelle question «et puis?». Il me fallait pourtant demeurer confiante et continuer de rassurer les gens autour de nous qui doutaient de la réussite du projet, de l'intégrité de l'agence ou encore de l'honnêteté de l'orphelinat. Il se trouvait toujours quelqu'un pour nous raconter une histoire horrible d'une supposée adoption ratée, de couples déçus ou de sommes perdues. Il fallut puiser profondément en nous-mêmes la certitude de notre réussite.

Puisque mon ventre ne grossissait pas comme les autres mères en attente d'un enfant, les gens oubliaient facilement que nous vivions une grossesse, différente certes, mais si intense et si réelle. Pour leur rappeler (et peut-être aussi pour me convaincre moi-même), j'eus l'idée de suspendre ici et là dans la maison des vêtements de bébé que nous avions achetés pour Angélica. Nous avions aussi entièrement préparé et décoré sa chambre que nous n'hésitions jamais à faire visiter. Toujours pour déjouer l'attente, j'ai cousu des dizaines de trucs, j'ai lu tous les bouquins sur l'adoption et sur l'éducation en général, j'ai suivi des cours de cuisine pour bébé. Et jour après jour, encouragée par mon mari, je ravivais la flamme de l'espoir en mon cœur.

Péniblement, l'hiver passa, puis le printemps. Et vint le temps des marguerites.

Sur le mur, près du téléphone, un de mes tableaux était accroché. Je l'avais peint au tout début de notre projet. Il représentait une femme dans un champ de marguerites, les bras tendus vers le ciel où deux énormes mains lui offraient un mignon petit bébé. Le 31 juillet 1996, je sus que cette femme, c'était moi. Car cette journée-là, Angélica entra dans notre vie, au temps des marguerites. Au début de l'après-midi, le téléphone sonna. Je répondis et découvris que c'était Francine, la responsable de notre dossier à l'agence. Comme elle m'appelait parfois pour me donner des nouvelles ou pour m'encourager, je crus que c'était un coup de fil routinier.

– Bonjour Francine, as-tu des nouvelles de la Colombie?

– Non seulement j'ai des nouvelles, mais j'ai aussi un bébé pour toi!

En un éclair, je réalisai la portée de ses paroles. J'étais maman... J'ÉTAIS MAMAN! Une émotion foudroyante, à la fois douce et violente, me submergea entièrement. Il me semblait que mon corps était devenu trop petit pour contenir une si grande joie. Je criai, je sautai et j'avais peine à respirer tant la délivrance était grande. Devinant mes émotions très intenses, Francine proposa de rappeler afin de me donner tous les détails que je devais noter.

– Non, ça ira... Je peux écrire les détails, la rassurai-je à travers mes sanglots.

– Elle est née le 21 juillet, elle est donc âgée de 10 jours... me dit Francine.

– Le 21 juillet? L'interrompis-je en m'exclamant!

L'émotion avait doublé d'intensité. Cette date résonna en moi comme un écho... Ma petite fille était née sous le signe zodiacal «cancer», comme ma mère et moi. Mon désir secret d'être maman d'une petite «cancer» était exaucé. Le scénario était parfait, comme je l'avais toujours rêvé. Dès lors, je savais que ce petit bébé était véritablement *ma fille*.

Je repris mon calme du mieux que je le pouvais et je parvins à noter tous les détails que Francine me communiquait sur ma petite Angélica: son nom de naissance «Mariana Leyton Castro» (son joli prénom fut d'ailleurs conservé sur son nouveau certificat de naissance), son poids, sa taille, son état de santé, etc.

Une semaine plus tard, l'orphelinat nous fit parvenir la photo de notre adorable poupon, prise alors qu'elle n'avait que deux jours. J'eus le coup de foudre pour «ma» fille. J'étais conquise par ce petit visage rond qui me semblait familier. J'avais l'impression fascinante d'avoir accouché de cette mignonne fillette. Cette photo devint mon lien avec Angélica et elle ne me quitta plus.

Il nous restait un mois à patienter avant de nous envoler pour la Colombie. Notre bonheur était toutefois terni par l'aspect financier que nous n'avions pas encore résolu entièrement. Il nous manquait toujours 2000 $ pour boucler le budget du voyage. À bout de ressources et inquiets de ne pouvoir partir, nous avons osé une dernière tentative auprès d'une communauté religieuse éloignée de notre région, sélectionnée au hasard dans le bottin de l'Église Catholique.

Deux jours plus tard, la sœur économe de la communauté nous téléphona et informa mon mari qu'elle ne pouvait accéder à notre demande même si elle en était touchée. Leur mission était concentrée exclusivement sur l'aide aux enfants du Canada. De plus, elle ne donnait jamais suite aux demandes d'aide venant de l'extérieur de leur région. Mon mari lui répondit qu'il avait la foi et qu'il trouverait la somme nécessaire. Il la remercia quand même et la conversation se termina en toute politesse.

La religieuse le rappela quelques jours plus tard, annonçant que la Sœur Supérieure et elle-même avaient été impressionnées par sa foi et (miracle) qu'elles avaient décidé d'ouvrir une «bourse spéciale», selon son expression. Ainsi, trois jours avant notre départ, nous sommes allés cueillir le don offert par ces généreuses religieuses. Tout cela nous paraissait incroyable, mais il nous fallait reconnaître, avec gratitude et humilité, que le ciel nous avait donné *tout* ce dont nous avions besoin au niveau financier pour l'adoption d'Angélica.

Le 9 septembre 1996, à 9 heures précises, nous étions à notre rendez-vous d'amour, à l'orphelinat Centro para la Rehabilitacion y Adopcion del Niño (C.R.A.N.), à Santa Fe de Bogota, en Colombie.

Nous tenant par la main et partageant la même excitation, je réalisai à cet instant précis à quel point nous étions unis, mon mari et moi. Puis, une porte s'ouvrit et la directrice de l'orphelinat s'avança vers nous et me tendit une minuscule petite fille âgée à peine d'un mois et demi. Angélica... Enfin, elle était dans mes bras. Le temps semblait s'être arrêté. Je découvris avec bonheur ses grands yeux noirs qui me fixaient. En échappant quelques sanglots, je la serrai contre moi. Ce fut le moment le plus tendre de toute ma vie. Cet instant béni est inscrit à jamais dans mon cœur. Je vivais le miracle de l'adoption. Ce petit être délicat venait de guérir d'un seul coup toutes les blessures passées. Rien ni personne n'aurait pu l'arracher de mes bras.

Entre nos larmes qui coulaient et les exclamations qui fusaient, nous découvrions notre petit ange. Ses beaux yeux qui nous regardaient intensément tour à tour, son adorable petite bouche charnue comme je l'avais rêvée, ses jolis cheveux déjà ondulés, ses mains minuscules, son teint basané... Nous étions en amour avec elle, instantanément. Soudain, mon cœur se serra en pensant que cette petite boule d'amour avait déjà connu les meurtrissures de l'abandon et qu'elle avait vécu six semaines sans nous. Son regard nous exprimait son soulagement. Ce matin-là, elle nous avait adopté autant que nous l'avions fait pour elle. Nous nous étions retrouvés.

Le séjour en Colombie fut un pur ravissement. Notre temps se partageait entre les boires, les longues séances sur les chaises berçantes, les caresses, les soins et la contemplation de ce petit ange merveilleux. À la pension où nous étions hébergés, la vie nous était rendue facile et agréable. Notre hôtesse, principalement, s'occupa de tous les détails, des rendez-vous et des formalités. Bref, ce fut sans doute le plus beau mois de notre vie.

Notre périple en sol colombien dura exactement 27 jours. Nous avons quitté «notre famille d'accueil colombienne» les larmes aux yeux et le cœur rempli de souvenirs heureux. Le soir du 7 octobre 1996, en posant les pieds à Québec, la joie était immense. Une cinquantaine de personnes nous attendaient, ballons à la main et sourire aux lèvres. La fête qui suivit fut une agréable surprise.

La tendre communion avec Angélica, débutée dans l'orphelinat de Bogota, n'a jamais cessé et se poursuit toujours. Le temps a passé à une vitesse incroyable avec ce petit ange dans notre vie. Maintenant âgée de 4 ans, Angélica nous comble à tous les points de vue. Elle est exactement comme nous l'avions désirée. Elle est douce, sensible et très affectueuse. Elle démontre aussi une détermination étonnante et des talents artistiques remarquables. Coquette, elle ne veut porter que des robes... de princesse! Elle nous émerveille constamment. Et comble de bonheur, sa magnifique chevelure bouclée est à l'image de mes rêves. L'amour qui nous unit est tendre et profond.

Angélica est notre premier bébé miracle.

Au départ de la Colombie, en 1996, j'eus le sentiment que j'y reviendrais pour une seconde adoption. En fait, je souhaitais déjà, même en tenant un tout petit bébé naissant dans mes bras, avoir un autre enfant. Aussi, je m'empressai d'accepter, lorsque plusieurs mois plus tard, mon mari inscrivit au bas de la carte de souhaits qu'il m'offrait pour la fête des Mères: «p.s.: on se réinscrit pour la Colombie?». En ce mois de mai 1997, j'étais la femme la plus heureuse au monde.

Un petit Anthony nichait dorénavant dans mon cœur. Encore une fois, il nous fallait examiner de près l'aspect financier. Bien qu'améliorée, notre condition financière n'était pas à son mieux. Nous n'arrivions pas à économiser de sous et mon mari terminait son travail à la fin de l'année, son contrat étant échu. Une seconde adoption devait sembler bien déraisonnable au yeux des gens de notre entourage. Mais la vie ne nous avait-elle pas appris à lui faire confiance? Fort de notre expérience de foi lors de l'adoption d'Angélica, nous convinrent de nous lancer dans l'aventure le cœur confiant et l'esprit ouvert aux opportunités, priant chacun secrètement afin que de nouveaux miracles surviennent dans notre vie.

Tout comme nous l'avions fait pour l'adoption d'Angélica, nous élaborâmes quelques stratégies afin de générer des revenus supplémentaires. La plus importante initiative fut la publication de mon livre «Mon album d'adoption» qui fut mis en marché en avril 98. Tous les droits d'auteur découlant de la vente de ce livre furent déposés dans un compte spécialement prévu pour l'adoption d'Anthony.

Mais ce ne serait pas suffisant. Les mystérieuses coïncidences et les circonstances bénéfiques seraient-elles encore au rendez-vous?

Une mémorable semaine du mois de décembre 98 nous confirma que, de nouveau, le ciel orchestrait les choses en notre faveur.

Le lundi, en fin de journée, un homme d'affaires prospère de notre quartier négocia l'achat de notre maison en vue de la construction d'un supermarché. Cette vente inattendue améliorait non seulement notre situation domiciliaire mais elle nous permettait aussi d'en obtenir un profit respectable. Comble de bonheur, il nous offrait aussi les recettes d'un prochain tournoi de golf bénéfice qui se tiendrait au cours de l'été suivant. Le lendemain, soit le mardi, mon mari était convoqué à une entrevue pour un poste bien rémunéré et permanent. Le mercredi matin, il apprenait qu'il avait obtenu l'emploi, ce qui éloignait tout souci financier et qui nous permettait d'envisager un prêt pour l'adoption d'Anthony. Toujours en ce mercredi, nous recevions la visite d'une psychologue pour compléter avec elle notre évaluation psychosociale. Encore une fois, tout se déroula à merveille. Notre situation financière était dorénavant adéquate. De plus, cette dame, connaissait notre maison d'édition et partageait beaucoup de nos valeurs. Enfin, le samedi, je fêtais les 40 ans de mon mari en compagnie d'amis et de membres de la parenté. Quelle semaine! Décidément, le ciel bénissait notre projet.

L'année 1999 s'annonçait riche en évènements majeurs. Mon mari débutait son nouvel emploi, nous achetions une nouvelle maison et y emménagions, tout en préparant notre voyage prochain en Colombie.

Au printemps, l'agence nous avisa que l'orphelinat avait fait plusieurs offres pour le Québec. La directrice n'avait donc plus aucun dossier en mains. Aussi nous demanda-t-on d'agir le plus rapidement possible afin de réunir tous les documents nécessaires à l'envoi de notre dossier. En deux semaines, nous réussîmes le tour de force de recueillir et de faire signer, notarier et authentifier tous les documents requis. Le 20 avril 99, jour de notre anniversaire de mariage, notre dossier s'envolait pour la Colombie. Dès lors, une offre était possible à tout instant.

Le 9 juillet, une semaine à peine après notre déménagement, Anthony entrait dans notre vie. Fait inusité, c'est ma mère qui reçut la nouvelle car nous étions absents cette journée-là. Elle vécut avec intensité la grande émotion reliée à cette nouvelle, d'autant plus qu'elle avait prévu nous accompagner en Colombie. À notre retour, elle nous accueillit avec un grand sourire et nous informa que l'agence attendait notre appel. Les cris de joie retentirent dans la maison. On nous proposait un garçon âgé de 11 jours, né le 29 juin 1999. Incroyable! Un autre petit *cancer*! Il fallait une chance inouïe pour que mes deux enfants naissent sous le signe du *cancer*. Même dans mes rêves les plus fous, je n'aurais pu imaginer un tel déroulement. Pour moi, les signes zodiacaux de nos enfants représentent une sorte d'hérédité symbolique. Puis, je notai son nom de naissance: Andrès Géraldo Diaz Martinez. De nouveau, j'étais abasourdie. La première lettre de son prénom était un A et son nom de famille était le même que le mien (Martineau en espagnol). Pour couronner le tout, le consentement à l'adoption fut signé le jour de mon anniversaire, le 6 juillet. Les mystérieux liens étaient encore au rendez-vous! J'avais le sentiment qu'Anthony était vraiment notre fils.

Quelques jours plus tard, nous recevions l'histoire médicale et sociale d'Anthony, ainsi que la description de ses parents biologiques. Ayant le même âge que moi, la mère partageait aussi plusieurs traits de caractère avec moi. J'avais parfois l'impression de lire ma propre description. Quant au père, il s'agissait pratiquement d'une copie de mon mari.

Puis, nous reçûmes sa photo et, tout comme pour Angélica, j'eus la curieuse sensation de familiarité avec lui. Je reconnaissais cet enfant. Je l'avais porté pendant plus de deux ans dans mon cœur. Angélica aussi accueillit son petit frère avec enthousiasme. Elle serra sa photo contre son cœur en disant à quel point elle avait hâte d'aller le chercher en Colombie.

Les préparatifs pour le voyage furent complétés rapidement. Nous serions à Bogota le 7 septembre afin de recevoir notre garçon le lendemain, soit le 8. Quelques jours avant notre départ, on nous informa que nous aurions à attendre une journée de plus avant de nous rendre à l'orphelinat. La première réaction de déception fit place à la sérénité lorsque je pris conscience que nous aurions finalement Anthony dans nos bras le 9 septembre, soit le même jour où on nous confia Angélica, trois ans auparavant. Autre coïncidence du destin!

Nous nous retrouvions donc de nouveau dans la même petite pièce de l'orphelinat C.R.A.N. pour accueillir Anthony. Mais cette fois, quatre cœurs battaient à l'unisson de la même émotion: Angélica, mon mari, ma mère et moi étions fébriles lors de ces dernières minutes d'attente.

Soudain, la directrice vint vers nous et me tendit un minuscule garçon aux yeux immenses, comme je les avais vus souvent en moi durant l'attente. Je le déposai tendrement sur les genoux d'Angélica. Je pleurais de bonheur. Anthony était encore plus beau que tout ce que j'avais imaginé: mignon, des traits délicats, des cils d'une longueur inouïe, un nez fin, une jolie bouche et des yeux bouleversants. Ma mère fut la première à lui adresser quelques mots, d'une voix douce. Il la gratifia d'un radieux sourire qui nous illumina comme un lever de soleil après une nuit noire. Nous nous exclamâmes en découvrant la séduisante fossette que son sourire avait dévoilée. Il était adorable.

Angélica avait immédiatement adopté son petit frère. Nous avions peine à le prendre tant elle désirait le tenir sur elle. Il lui ressemblait beaucoup. Quelle belle image de tendresse et de douceur de les voir ainsi tous les deux.

Quel ravissement! Un sentiment incroyable de bonheur m'habitait. Je tenais dans mes bras le plus adorable petit garçon et j'étais entourée de ma fille, de mon conjoint et de ma mère. Je retrouvais aussi les Andes, les murs blancs, les toits aux tuiles ondulées, la végétation luxuriante et bien sûr tous les gens merveilleux que j'avais connus trois ans auparavant.

Bien qu'il fut plus long que prévu (près de 7 semaines), notre séjour fut agréable. Nous avions plus de temps et d'opportunités pour communier à la culture colombienne, ce qui fut très enrichissant.

À la septième semaine, notre jugement était enfin rendu et ce fut l'euphorie, que l'on dut toutefois contenir car la course aux derniers documents s'annonçait trépidante. Enfin, deux jours plus tard, nous avions réuni tous nos documents et nous étions à la veille de notre départ. En apprenant l'heure de notre vol et l'heure que notre guide avait choisie pour quitter la pension en direction de l'aéroport, ma mère manifesta de l'inquiétude. S'il nous arrivait un pépin sur la route, nous raterions notre envolée. Notre guide sourit et pour calmer ma mère, elle accepta de devancer d'une heure notre départ de la pension, mais à son sourire, il était facile de constater qu'elle trouvait exagérée la crainte de ma mère.

Quoiqu'il en fut, tôt le lendemain matin, nous remplissions les deux voitures de nos bagages et chacun essaya de se trouver une place inoccupée. Avec la pluie et l'agitation, je me suis retrouvée seule avec Anthony dans la voiture conduite par notre guide, alors que mon mari, Angélica et ma mère étaient dans l'autre véhicule. Étonnement, les deux conductrices n'empruntèrent pas le même chemin. Rapidement, je ne vis plus l'autre véhicule et j'espérais que tout se passe bien. Anthony commençait à s'agiter, l'heure de son boire étant venue. Mais je m'aperçus que les biberons et le lait étaient dans l'autre voiture. Pauvre petit, il devrait patienter jusqu'à l'aéroport. Mais l'aéroport Eldorado était encore à une heure de route. C'est alors que j'entendis un bruit sourd sous l'auto. Nous venions de faire une crevaison. Flor stationna l'auto, retira toutes les valises de la malle arrière et me demanda de sortir du véhicule et de surveiller les bagages. Elle partit chercher de l'aide. Seule à Bogota, mon nourrisson dans les bras, j'étais désemparée et je priai. Par miracle, la crevaison s'était produite devant un concessionnaire d'automobiles et rapidement deux hommes vinrent nous porter secours. Ils changèrent la roue et nous reprîmes notre chemin, quitte pour une bonne frousse. Flor me confia que ma mère avait eut une divine intuition la veille. Partir plus tôt nous fut salutaire.

Nous sommes enfin arrivés à l'aéroport où nous attendaient nerveusement les autres. Ma mère, croyant ne plus jamais revoir sa fille, échappa des larmes de soulagement. Le temps de nous rassurer, de faire boire Anthony, d'enregistrer nos bagages et de nous rendre à l'aire d'embarquement, il était presque l'heure de monter à bord.

Le stress et la fatigue se firent sentir au fur et à mesure que le voyage progressait. Le dernier vol, de Miami à Dorval, fut plutôt difficile. Les enfants étaient épuisés, et nous n'étions guère plus reluisants. Mais ce qui importait, c'était le retour à la maison. Après avoir atterri, nous avons repris l'auto et avons roulé jusqu'à Québec. Nous sommes entrés dans la maison à 4 heures du matin, vidés mais heureux. La chaleur, le confort, la sécurité...Nous retrouvions notre maison. Angélica quant à elle retrouvait ses jouets qui lui avaient tant manqué durant ces longues semaines, et Anthony découvrait de ses grands yeux sa nouvelle demeure. Quel bonheur!

Aujourd'hui, Anthony fait le bonheur de toute la famille. Mon petit garçon est un sage. Il observe tout de ses grands yeux ouverts à la vie et ne manque jamais une occasion de sourire. Doux et sensible, il a démontré très tôt son côté affectueux. Ses petits bras se tendent constamment vers moi. Charmeur et espiègle, il attire bien des regards. Du haut de ses 15 mois, ses petits pas animent la maisonnée et son rire ensoleille nos cœurs.

Anthony est notre deuxième bébé miracle.

À notre retour, à la fin du mois d'octobre 1999, tout allait pour le mieux. Nous nous replacions graduellement de notre périple en Colombie. Nous nous adaptions facilement à la vie de famille à quatre et nous vivions une parfaite harmonie. L'an 2000 débuta ainsi, sur une note de bonheur et d'amour. La vie aurait pu se poursuivre ainsi et elle aurait été parfaite...

Mais un sentiment me tenaillait et m'angoissait même. Le désir d'un troisième enfant ne me quittait plus!

Je me sentis coupable de désirer cet autre enfant. Après tout, n'avais-je pas déjà deux beaux enfants? Mais le désir d'avoir un enfant est un cri du cœur, peu importe si cet enfant est le premier, le deuxième ou le troisième. On peut toujours refouler temporairement ce désir, mais on ne peut l'étouffer complètement. Et puis, je n'étais pas la seule femme à désirer une famille de trois enfants.

Mais une adoption implique tant de choses. Je n'en avais pas encore parlé à mon conjoint. Il ne s'attendait sûrement pas à une telle idée, surtout à quelques mois de notre retour de la Colombie. Et puis, même s'il était d'accord, je n'entrevoyais vraiment pas repartir pour un long périple avec mes deux enfants; les laisser derrière, encore moins. Il y avait aussi la question financière qui posait un problème. Ces préoccupations me trottèrent dans la tête pendant quelques semaines.

Puis un bon matin, j'ai lâché prise et je plaçai une demande au ciel. Je me rendais disponible pour accueillir un enfant, mais tout devait être mis en place pour que les conditions de sa venue soient facilitées.

Je décidai également de me confier à mon mari. Évidemment, il fut très surpris. De toute évidence, il n'entrevoyait pas une troisième adoption en si peu de temps. Je le comprenais bien sûr. Nous n'étions pas remis financièrement de notre seconde adoption. Mais je ne pouvais me résigner à oublier mon projet. Sans doute était-il déraisonnable de vouloir adopter une autre fois, mais l'adoption relève du cœur avant tout, et non pas de la raison.

Les enfants jouaient sagement alors que nous discutions de ce projet. Mon mari me confia qu'au fond il adorerait avoir un troisième enfant mais que le côté financier le retenait. Soudain le téléphone sonna, au mauvais moment pensa-t-on d'abord. Et pourtant...

À l'autre bout du fil, une femme me commandait un exemplaire de «Mon album d'adoption» pour offrir en cadeau à une amie. J'étais plutôt étonnée car je n'ai jamais d'appel de cette nature à la maison. Habituellement, les gens se procurent mon livre en librairie et parfois en écrivant à la maison d'édition. Cette femme me confia aussi qu'elle devait acheter un album de bébé traditionnel en plus du mien car son amie avait eu, dans la même semaine, une proposition de la Chine et un test de grossesse positif. Comme elle avait déjà un fils biologique, elle se retrouvait avec une famille de *trois* enfants. Un vrai miracle selon la femme car son amie ne devait plus être en mesure d'enfanter.

Je raccrochai le téléphone, charmée par cette confidence et étonnée de la coïncidence. Au moment où nous discutions de la possibilité d'un troisième enfant, le ciel nous faisait un nouveau clin d'œil. Ma tristesse s'était évanouie, un large sourire l'avait remplacée. Aussi étonné que moi, mon mari avait lui aussi un sourire aux lèvres. La venue d'Angélica et d'Anthony nous avait habitués à de telles manifestations et nous y étions sensibilisés.

Nous avons convenu de croire encore aux miracles et de rester ouvert à ce que la vie pouvait nous offrir. Mais mon mari posa deux conditions pour la nouvelle adoption. La première, ne pas avoir à voyager à l'étranger et la deuxième, trouver le financement. Nous étions d'accord!

Nous n'avons pas eu à attendre bien longtemps avant que la magie opère de nouveau dans notre vie.

La semaine suivante, mon mari partit en région pour son travail. Une de ses clientes lui confia qu'elle connaissait une jeune femme qui avait adopté une petite fille ressemblant beaucoup à Angélica. Cette petite fille venait de l'Inde. Mon mari prit en note les coordonnées de la femme en question et me les remit en me conseillant de communiquer avec elle. Les yeux brillants, il me réitéra ce conseil à plusieurs reprises.

Entre temps, nous avions feuilleté des bouquins sur l'Inde et nous étions sous le charme des beaux enfants qui y étaient photographiés. Leurs traits se rapprochaient beaucoup de ceux de nos enfants. Et puis, comme en Colombie, l'enfance en Inde n'a rien de féerique pour la majorité des enfants. À chaque année, deux millions d'enfants n'atteignent pas leur premier anniversaire de naissance. Sans parler de ceux qui survivront mais qui devront travailler durant de longues heures à chaque jour, au détriment de leur santé, de leur éducation et de leur jeunesse. La condition des enfants en Inde m'avait toujours émue.

Un soir, précisément le 9 mars, alors que mon mari était à l'extérieur par affaires, je téléphonai à cette jeune femme qui devint rapidement mon amie par la suite. Manon me fournit tous les détails sur l'adoption en Inde. Un détail retint particulièrement mon attention: nous n'avions pas à nous rendre dans le pays, l'enfant voyageait avec une escorte de l'orphelinat! Ce renseignement était providentiel. L'impression d'être à nouveau guidée s'installa en moi. Les évènements semblaient se placer en notre faveur.

Toute excitée, j'attendis avec impatience l'appel de mon mari. Lorsque le téléphone sonna, j'eus du mal à contenir mes émotions. Je lui donnai les détails que j'avais reçus en n'oubliant pas le plus important. Il fut ravi autant que moi et visiblement ému, il exprima le souhait de réaliser cette nouvelle adoption. Nous étions d'accord pour entreprendre les démarches à l'automne 2000. Notre appel interurbain se poursuivit durant plus d'une heure. Nous avons discuté de notre petite princesse indienne et de sa venue parmi nous. Nous la prénommerions Alicia. Nous l'espérions avec force et amour. Elle serait notre cadeau d'amour. Au retour de mon mari, nous étions particulièrement amoureux. Une énergie de conception nous enveloppait. Nous ressentions très fortement cette énergie, comme une présence, une présence d'enfant. J'avais la nette impression qu'une petite âme rôdait autour de nous.

Pour l'aspect financier, nous avions ébauché des projets. Je préparais un nouveau livre (celui-là même que vous lisez actuellement) et mon premier ouvrage se vendait toujours bien. Les droits d'auteur seraient réservés pour l'adoption. Mon mari publierait lui aussi un livre, son premier, et encore une fois les droits d'auteur seraient pour Alicia. Pour le reste, nous verrions au fur et à mesure que se développerait notre projet.

Je me sentais apaisée et heureuse. Je prenais soin de ma petite famille, j'écrivais mon livre et je portais un nouveau bébé dans mon cœur. D'ailleurs les démarches avaient déjà débuté. J'avais rejoint l'agence et établi les contacts. J'avais la forte impression que tout se déroulerait bien. Et une nouvelle coïncidence me le confirma.

Le jour de Pâques, toute ma famille était réunie chez ma mère. Pendant la soirée, je profitai d'un moment d'intimité avec un de mes frères pour lui confier notre projet d'adoption et la venue prochaine d'Alicia.

Mon frère me regarda visiblement étonné, et je dois l'avouer, peu emballé. D'une part, il croyait que notre famille était complète, sachant ce que l'adoption signifie. Et d'autre part, il s'interrogeait sur notre capacité à assumer les frais d'une nouvelle adoption. Mon mari expliqua les moyens à notre disposition afin d'accumuler l'argent nécessaire. Un peu rassuré, mon frère démontra plus d'enthousiasme, mais dans ses yeux se lisait toujours l'incompréhension. Cette réaction était représentative de celle de bien des gens autour de nous. Ce soir-là, elle m'attrista quelque peu. Quant à mon mari, le fait de sentir le doute chez les autres faisait remonter à la surface ses propres interrogations et inquiétudes.

Au même instant, il plia sa jambe pour la déposer sur son genou, comme il le fait souvent. Il aperçut une petite étiquette collée à la semelle de son soulier. Il la retira et machinalement y jeta un coup d'œil. Je remarquai sa surprise lorsqu'il lut l'étiquette. Sans rien dire mais avec un sourire, il me tendit l'étiquette que je lus à mon tour. C'était une étiquette publicitaire d'une boutique et on pouvait y lire: «fleurs d'Alicia». Je n'en croyais pas mes yeux. Au moment où nous parlions d'elle, que nous devions lutter pour ne pas céder au doute, voilà qu'Alicia se manifestait à nous. Nous ignorons comment cette étiquette se retrouva sous le soulier de mon mari et pourquoi il la découvrit à l'instant même où il était question d'Alicia. Mais j'avais la certitude qu'elle serait une fleur sur notre chemin. C'était pour nous une coïncidence surprenante et réconfortante. Coûte que coûte, Alicia devait venir dans notre vie.

Alicia, notre troisième enfant miracle, fait déjà partie de notre vie même si elle n'est pas encore avec nous. En fait, elle n'est probablement même pas encore née au moment où j'écris ces lignes. Son histoire débute à peine que déjà nous constatons que nous sommes guidés, aidés et encouragés à poursuivre dans cette voie.

Combien d'enfants miracles aurons-nous? Sincèrement, je ne saurais le dire. Tout ce que je sais, c'est qu'il y a plusieurs chambres d'enfant dans notre cœur... Et que la foi déplace les montagnes.

Marie-Chantal Martineau

Un fils pour ma fille

À l'été 1990, ma fille Élisabeth apprit de son gynécologue qu'elle ne pourrait jamais avoir d'enfant. Après quelques semaines de réflexion, elle décida de contacter le Service d'adoption du Québec. Tristement, on l'informa alors que le délai d'attente pour l'adoption au Québec était approximativement de huit ans!

Désespérée, ma fille me demanda de l'aider à réaliser son rêve d'être mère. Après l'avoir réconfortée du mieux que je le pouvais, j'entrepris des démarches d'information auprès du gouvernement québécois, afin de connaître les différentes avenues qui s'offraient à nous dans le domaine de l'adoption internationale.

On m'informa alors que la loi régissant l'adoption internationale venait d'être modifiée, ce qui autorisait dorénavant des organismes privés à aider les futurs parents adoptants à réaliser leur projet d'adoption dans les divers pays du monde.

Motivée par le désir intense de ma fille et aidée d'une petite équipe de bénévoles, je complétai les procédures administratives complexes et obtint du Ministère de la Santé et des Services sociaux du Québec un agrément nous autorisant à entreprendre des démarches d'adoption pour des couples québécois. Cet agrément nous fut attribué le 28 janvier 1991 et il nous permettait de réaliser des adoptions en Roumanie.

Comme j'étais la co-fondatrice de cette nouvelle agence (l'Agence Québécoise d'Adoption Internationale), le conseil d'administration m'offrit le poste de directrice générale, que j'acceptai avec plaisir.

Afin de bâtir les structures de l'adoption avec les différents intervenants roumains, je dus me rendre en Roumanie, avec quelques membres de l'équipe. Je partis donc avec en mains 25 dossiers de couples désireux d'adopter, dont celui de ma fille évidemment.

Au mois de mai 1991, nous recevions un appel à notre appartement roumain. Un agent de la police du département de Brasov, en Transylvanie, nous informait qu'une travailleuse sociale lui avait rapporté le cas d'un bébé de 4 mois en péril dans sa famille. Selon lui, une intervention rapide s'avérait nécessaire.

Nous nous sommes rendus au domicile de la famille en question, accompagnés des policiers et de la travailleuse sociale. Nous y avons découvert le bébé, nu et souillé, gisant misérablement sur le sol dans un coin de l'appartement. Les parents, des gens très pauvres, partageaient cette minuscule maison de deux pièces avec quatre adultes et quatre enfants, en plus du nourrisson. En nous voyant, la mère prit le bébé et le remit à la travailleuse sociale, lui demandant de le sauver. Le bébé avait faim et elle n'avait rien à lui donner.

J'ai enveloppé le bébé dans mon manteau et nous sommes partis. Durant le retour, nous lui avons donné un biberon de lait qu'il a bu gloutonnement. Sûrement en aurait-il bu trois ou quatre d'un seul trait! Je ne savais pas à quand remontait son dernier repas, mais il était évident qu'il était affamé et qu'il n'aurait pu survivre ainsi encore longtemps.

Respectant minutieusement l'ordre chronologique des dossiers, je m'aperçus que le prochain à être traité était celui de ma fille. Le bébé que nous venions de ramener serait ainsi le sien. Cependant, je ressentais des doutes. Nous avions accueilli plusieurs bébés durant la journée. Intérieurement, je me questionnais. Ce bébé était-il réellement celui de ma fille? Celui qui lui était destiné? Soucieuse, je demandai l'aide de ma mère décédée. Je ressentis soudain le besoin de regarder le bébé plus attentivement. Comme les appartements roumains sont très sombres, je le soulevai sous un néon du plafond. À la lumière du néon, je découvris avec étonnement que ses yeux étaient verts... Verts comme ceux de ma mère! Voilà le signe que j'attendais! C'était sans aucun doute le bébé de ma fille, mon petit-fils!

Après avoir obtenu les documents légaux et médicaux nécessaires à son adoption, mon petit-fils ne me quitta plus. Je le portais constamment dans le porte-bébé, blotti sur mon cœur. Durant les 2 mois que dura mon séjour en Roumanie, il m'accompagnait partout tandis que je finalisais les autres dossiers d'adoption. La nuit, il dormait dans un petit panier d'osier, à mes côtés. Lorsqu'il lui arrivait de se réveiller la nuit, je n'avais qu'à étirer le bras et le caresser de la main pour le sécuriser et le rendormir.

Nous avons quitté la Roumanie en juin 1991. À cette époque, la ville de Bucarest était perturbée par un soulèvement populaire. Les mineurs, entre autres, s'y rendaient par milliers pour protester contre les politiques du gouvernement. Pour s'assurer de pas être retenus dans ces manifestations, nous avons dû nous rendre à l'aéroport à 3 heures du matin. Lorsque l'avion décolla enfin, quelques heures plus tard, je serrai très fort mon petit-fils contre moi en lui promettant qu'il serait heureux avec ses nouveaux parents et sa nouvelle famille qui l'attendaient.

J'avais créé des liens très forts avec cet enfant. J'avoue que je le remis à ses parents avec un pincement au cœur. Mais j'aurais préféré mourir que de le remettre à un autre couple que celui de ma fille et de mon gendre. J'étais émue aux larmes.

Quel événement spécial et extraordinaire pour une maman que de procurer à sa propre fille les joies de la maternité, et par surcroît dans des circonstances aussi émouvantes et dramatiques!

Jean-Frédéric est maintenant âgé de 9 ans. C'est un beau garçon, bien dans sa peau, joyeux, accueillant, sportif et aux yeux verts... Bien sûr, le lien unique avec sa mamie est toujours présent. Je dirais même qu'il s'est développé encore plus au fil des années.

Je ne me doutais pas que le désir de ma fille d'être maman m'apporterait autant de bonheur, de joies et de dépassements. Je suis maintenant grand-maman de 500 beaux enfants roumains adoptés par des familles québécoises, par l'intermédiaire de notre organisme toujours dirigée par mamie Louise!

Louise Simard

Des cadeaux inespérés

*A*près quatre années décevantes à essayer d'enfanter sans succès, nous nous tournions vers l'adoption à l'automne 1998. Nous avons d'abord considéré l'adoption du type *banque mixte* au Québec. Toutefois, la possibilité que les parents biologiques reprennent l'enfant durant les premières années ne nous emballait pas. Nous ne nous sentions pas prêts à vivre de telles émotions.

En février 1999, nous poursuivions nos démarches du côté de l'adoption internationale. Nous nous inscrivions alors avec une agence pour une adoption en Thaïlande. On nous informa immédiatement que l'attente serait approximativement de 24 mois, à partir du moment où notre dossier était transmis en Thaïlande! Auparavant, nous serions inscrits sur une pré-liste et contactés au cours des 6 prochains mois afin d'ouvrir notre dossier. Un petit calcul rapide nous fixa sur le délai global: 30 mois! Pour une grossesse, avouons que c'est un peu long. Mais nous décidions de poursuivre et l'attente débuta.

Un mois s'était à peine écoulé lorsqu'en mars, l'agence entra en contact avec nous. Mais à ma grande surprise, ce n'était pas pour commencer notre dossier.

– Madame Laprise, si vous êtes vraiment intéressée à avoir un enfant rapidement, la Corée va bientôt rouvrir ses portes à l'adoption internationale et vous seriez dans les premiers couples sur leur liste, m'annonça la personne au bout du fil.

«WOW!» Pensai-je en moi-même.

– Et que voulez-vous dire par «rapidement»? Lui demandai-je excitée.

– Vous auriez l'enfant avant Noël 1999.

Il n'en fallait pas plus pour que les larmes roulent sur mes joues.

– Toutefois, les coûts d'une adoption en Corée sont beaucoup plus élevés qu'en Thaïlande, spécifia-t-elle.

– Peu importe, nous nous arrangerons bien, lui dis-je d'un ton rassurant.

En juillet, nous complétions les démarches afin que notre dossier puisse être expédié en Corée le plus rapidement possible. Finalement, en septembre, nous recevions la proposition d'un beau petit garçon né le 25 avril 1999. Et le 22 novembre, alors âgé de 7 mois, il entrait définitivement dans notre vie. Quelle émotion incroyable lorsqu'on nous a remis dans les bras ce petit trésor d'orient, à l'aéroport.

Notre Félix était arrivé avec, dans ses bagages, plus de 250 photos de lui, des cassettes de musique coréenne, un costume traditionnel et quelques vêtements. La famille d'accueil, qui en avait pris soin durant les premiers mois de sa vie, avait eu la délicatesse de le photographier abondamment afin de nous laisser un témoignage visuel de ces mois durant lesquels nous avions été séparés de lui. Nous nous sentions privilégiés. Nous tenions à remercier ces gens. En janvier 2000, nous leur avons envoyé de nouvelles photos de Félix et leur avons écrit une lettre de remerciements dans laquelle nous leur indiquions notre adresse électronique, à tout hasard...

Une semaine avant l'anniversaire de Félix en avril, nous recevions un petit colis venant de la Corée. Quelle surprise! La famille d'accueil nous offrait une superbe bague en or pour l'anniversaire de Félix. Une lettre accompagnait le cadeau. Dans cette lettre, la dame nous confiait à quel point il lui avait été difficile de se séparer de Félix. Elle mentionnait se souvenir de l'odeur agréable qu'il dégageait. Comme elle était entière et sensible, elle s'était attachée profondément à cet enfant qui lui avait été confié en famille d'accueil. Aussi, elle n'avait plus l'intention de poursuivre dans cette voie.

Dommage, car nous caressions le rêve que notre second enfant soit placé dans la même famille d'accueil avant de nous être confié, à cause bien sûr de leur dévouement et aussi de l'amitié qui naissait entre nous. D'ailleurs, cette amitié s'est transformée en véritable amour entre nos deux familles par le biais d'une correspondance électronique régulière (ils avaient bel et bien accès à internet).

Même avant d'adopter, nous avons toujours souhaité avoir deux enfants d'âge très rapproché. Mais la réalité financière de l'adoption nous obligeait à considérer une différence d'au moins deux ans. Nous avions ainsi prévu entreprendre de nouvelles démarches en 2001.

Cinq mois après l'arrivée de Félix, nous vivions un bonheur parfait. Notre enfant était adorable et en excellente santé. Quant au deuxième, il viendrait bien en son temps, nous disions-nous.

Mais par un beau samedi de juin, un appel de la présidente de l'agence d'adoption bouscula notre petit bonheur. Elle nous apprenait que Félix avait un frère biologique en Corée. Surpris, nous avons cru qu'elle parlait d'un frère plus âgé que lui. Mais elle précisa que le frère en question n'était âgé que d'un mois et demi. Il était né de la même mère et du même père que notre Félix. Elle nous expliqua que dans un tel cas, la Corée offrait l'enfant à la famille ayant adopté le frère ou la sœur du bébé. Si cette famille refusait, on cherchait alors à faire adopter le bébé dans la même ville que l'enfant précédent, avec l'accord de la famille évidemment.

Cette nouvelle nous bouleversa. Nous ne savions que faire. D'une part, nous étions torturés à l'idée que le frère de Félix soit adopté par une autre famille, et d'autre part nous n'étions absolument pas prêts financièrement à compléter une nouvelle adoption. Les deux semaines suivantes eurent leur lot de questionnements et de nuits blanches.

Sur le forum de discussion de notre agence par internet, nous avons choisi de raconter ce que nous vivions. Ainsi, lorsque nous nous sommes présentés au pique-nique de l'agence, les autres parents vinrent vers nous, connaissant déjà notre situation. Tous ces parents nous comprenaient. Certains d'entre eux avaient même vécu des situations similaires à la nôtre. Nous avons beaucoup profité de leur expérience. Leur appui et leur enthousiasme nous sensibilisèrent encore plus à la chance qui s'offrait à nous. De plus, n'étions-nous pas devant notre rêve d'avoir des enfants d'âge rapproché?

Nous avons évalué le «pour» et le «contre». Nous avons réalisé que seul l'aspect financier apparaissait sous la rubrique du «contre». Cependant, la Corée nous assurait, dans les circonstances, de leur souplesse pour la question financière, étalant certains frais sur une plus longue période. Il n'en fallait pas plus pour foncer dans cette nouvelle aventure.

La joie au cœur, nous avons donné notre accord et procédé aux démarches officielles pour l'adoption de notre deuxième fils. Nous avons eu la proposition de Keun Ho avec quelques photos. Il ressemblait comme deux gouttes d'eau à Félix!

Par bonheur, Keun Ho n'était pas encore en famille d'accueil! Avant que la Corée procède à son placement dans une famille de leur choix, nous avons fait la demande officielle pour qu'il soit confié à la même famille que Félix. Du même coup, nous écrivions à cette *maman* d'accueil pour lui apprendre que Félix avait un jeune frère et que nous l'adoptions. Nous lui demandions aussi de le prendre chez-elle jusqu'à son transfert au Canada. Mais nous lui précisions que nous respecterions sa décision, sachant qu'elle n'avait plus l'intention d'accueillir d'autres enfants.

Quelques jours plus tard, nous recevions un courrier étonnant de la Corée.

«Lorsque nous avons reçu votre courrier du 13 juin dernier, Keun Ho venait tout juste d'arriver dans notre famille. Il est la copie conforme de Félix.»

Quelle joie! Notre rêve se réalisait! Ce que nous pouvions espérer de plus beau pour nos fils se concrétisait: âge rapproché, mêmes père et mère biologiques et même famille d'accueil.

Isabelle, ma meilleure amie et la marraine de Thomas, avait accepté de se rendre en Corée et de ramener notre fils. Non seulement était-elle heureuse de participer ainsi à la venue de son filleul, mais elle réalisait son rêve d'escorter un enfant étranger. Les préparatifs furent intenses. Une grande complicité régnait entre elle et nous.

Elle fut accueillie et hébergée par la famille d'accueil. Son séjour lui fit découvrir la Corée et elle en ramena des images incroyables. Mais surtout, il lui permit de créer des liens forts et sincères avec les membres de cette famille d'accueil, des liens qui nous ont encore plus rapprochés d'eux. Le 4 novembre, Isabelle revenait accompagnée de notre petit Thomas qu'elle nous tendit avec émotion. Dans ses bagages, elle ramenait aussi plus de 200 photos de Thomas et des cadeaux de la part de la famille d'accueil: de la soie, des tissus, des chandails, des poteries. Nous étions ravis et comblés.

Notre histoire d'adoption tient du miracle. En l'espace de 11 mois, nous avons adopté deux petits frères biologiques de la Corée, n'ayant même pas un an de différence et ayant été confiés aux bons soins de la même famille d'accueil. Pouvions nous espérer mieux?

Andrée Laprise
François Laprise

L'une dans mon ventre,
l'autre dans mon cœur

Notre histoire débuta dans une toute petite ville au nord de l'Abitibi, Matagami, connue aussi comme les portes de la Baie-James. Nous étions deux adolescents remplis de rêves, d'ambition et d'espoir. Nous nous sommes fréquentés quelques temps puis nous avons emprunté des chemins différents. Après dix-huit longues années et d'amères déceptions, nos chemins se sont de nouveau croisés. Mais cette fois, nous avions la certitude que nous étions vraiment faits l'un pour l'autre. Nous étions au début de la trentaine, sans enfant et nous souhaitions sincèrement fonder une famille ensemble.

Malheureusement, les mois se succédaient et notre rêve ne se concrétisait pas. Les tests s'additionnaient, les déceptions se multipliaient et nous ne comptions plus les rencontres avec le gynécologue et le neurologue. Nous étions rendus au point où nos familles évitaient d'aborder le sujet avec nous, sachant toute la tristesse qui en découlait. Mais un membre de notre famille eut la brillante idée d'enregistrer sur vidéo un reportage sur l'adoption en République populaire de Chine et de nous refiler la cassette. Avant que l'enregistrement soit terminé, nous avions décidé d'adopter un enfant de la Chine. Cette solution nous apparaissait alors si logique et si accessible que nous étions étonnés de ne pas y avoir pensé avant.

L'année 1994 allait être l'année la plus fertile de notre vie. En mars, nous enclenchions les démarches d'adoption. En mai, nos médecins nous invitaient à tenter de nouvelles expériences pour la fertilité. En juillet, nous nous mariions et partions en voyage de noces. En août, un test de grossesse nous confirma ce que nous souhaitions depuis tant d'années. Nous avions conçu un frère ou une sœur à notre fille d'origine chinoise. En octobre, nous adoptions officiellement notre fille de la Chine. L'année la plus fertile, vous dis-je!

Malgré la rapidité des évènements, tout se déroulait très bien. Je vivais une grossesse extraordinaire et imprévue: je portais deux bébés, l'une dans mon ventre et l'autre dans mon cœur! J'étais comblée et heureuse. La journée où l'on nous proposa d'adopter une petite fille née le 5 mars 94, Zhen Xi Yang, nous avions rendez-vous à nos cours prénataux. À notre arrivée dans la salle, nous avons annoncé que nous étions officiellement parents d'une belle petite fille. Tous les yeux incrédules étaient rivés à mon ventre rond. Nous avons éclaté de rire et leur avons confié notre adoption avec beaucoup d'émotions.

Le 7 avril 1995, nous recevions l'autorisation d'aller chercher notre fille en Chine. Le départ était prévu le 22 avril. Toujours enceinte et sur le point d'accoucher, je contactai mon médecin, évidemment au courant de notre situation particulière. Il m'avait déjà promis de provoquer mon accouchement si une urgence survenait pour l'adoption. Devant le déroulement des évènements, il accepta de déclencher l'accouchement mais m'interdit de faire le voyage en Chine.

J'entrai donc à l'hôpital le 11 avril dans la soirée. Le médecin devait provoquer l'accouchement le lendemain. Avant de me mettre au lit, je parlai à mon bébé et je m'excusai de le bousculer dans sa venue au monde.

«Ta petite sœur aussi est prête à venir nous retrouver et je dois donner un coup de main à ton papa qui prépare ce long voyage qu'il fera seul.», lui dis-je en caressant mon ventre ar-rondi.

À peine lui avais-je dit ces mots que mon bébé se mani-festa. Miraculeusement, il avait décidé de venir par lui-même et l'accouchement se mit en branle. À 2h34 du matin, je tenais dans mes bras une merveilleuse petite fille.

Nous sommes rentrés à la maison le 15 et dès le lendemain nous avons préparé le départ de papa qui aurait lieu dans une semaine. Produits de soins, vêtements, effets personnels, jouets, accessoires de bébé, argent, passeport, assurances, bref il fallait penser à tout et ne rien oublier.

Le 22 avril arriva finalement. Lorsque mon mari partit pour l'aéroport, accompagné par ses parents, tout s'est effondré autour de moi. Je n'arrêtais plus de pleurer. Je ne faisais pas le voyage en Chine, je n'allais pas chercher mon petit trésor... J'aurais à attendre encore deux semaines avant de la prendre dans mes bras. Mon mari avait prévu mon désespoir et avait demandé à des membres de nos familles de veiller sur moi et sur notre nouveau-né, ce qu'ils firent avec gentillesse et amour. Mais je crois que j'ai dû pleurer durant au moins trois jours consécutifs.

Le 25 avril, un coup de fil me redonna un peu d'enthou-siasme. Mon mari me téléphonait pour m'annoncer que nous avions une belle petite fille âgée de 13 mois, aux cheveux et aux yeux noirs et en excellente santé. Mon mari était visiblement heureux. Nous étions si émus tous les deux que nous parve-nions à peine à parler. Et comme la communication télépho-nique à une telle distance est souvent ponctuée de pauses, nous n'avons pu nous raconter tout ce que nous souhaitions.

Je raccrochai le téléphone, émue et déçue de ne pas lui avoir posé toutes les questions qui me venaient maintenant en tête. Cependant, cet appel me redonna l'énergie nécessaire pour attendre le retour de mes amours. Je profitai des journées suivantes pour acheter les accessoires manquants et préparer leur arrivée.

Enfin, le 7 mai, à 10h30, l'avion atterrissait sur la piste de l'aéroport de Rouyn-Noranda. De nombreux amis et membres de nos familles étaient au rendez-vous. Je ne pouvais détourner mon regard de l'avion. Mon bébé s'était endormi et je le déposai dans les bras de mon amie. Puis je courus vers l'avion. Un agent de sécurité m'interdit de traverser les portes, mais devant mon état d'excitation et les explications données par les gens autour de moi, il accepta de me laisser passer. Arrivée à l'avion, mon cœur battait si fort que je crus que tous les passagers l'entendaient. Soudain, au haut de la passerelle de débarquement, je les ai aperçus. Je sautai au cou de Réal en lui souhaitant la bienvenue puis je pris délicatement dans mes bras mon petit trésor de Chine que je rencontrais enfin. Elle me sourit gentiment et je la trouvai si mignonne avec son petit visage rond. Son regard cherchait constamment son père. Lui seul pouvait la rassurer.

Une fois de retour à l'intérieur de l'aéroport, ce fut le partage des émotions avec tous nos proches. Graduellement, tous se dispersèrent et nous sommes demeurés seuls dans l'aéroport. Nous avons savouré ce moment de tranquillité, tandis que je donnai le sein à notre poupon qui s'était réveillé. Enfin, notre famille était réunie.

Un peu plus tard, dans l'auto, nos deux filles se sont endormies. Je les regardai quelques instants, fière et émue. Puis, ce fut un moment d'intimité entre les parents. Je ressentais beaucoup d'admiration envers mon conjoint qui avait fait ce long voyage seul et qui nous avait ramené une petite fille. Nos visages étaient illuminés de bonheur. Les mots étaient presque superflus. Un mois auparavant, nous étions un couple, et voilà que nous serons dorénavant une famille.

Une petite fête avait été organisée pour souligner l'événement et tous nos proches s'étaient réunis à la maison. Plus tard en soirée, une fois seuls, nous avons échangé notre journal de bord. Tous les jours durant le voyage de Réal, nous avons écrit le déroulement de nos journées l'un sans l'autre. J'eus un peu l'impression d'avoir vécu le voyage en relisant son journal.

Cinq belles années se sont écoulées depuis. Mia Kim fréquente la maternelle alors qu'Émie est à la pré-maternelle. Et avec ce nouveau millénaire qui débute, nous avons pris la décision d'adopter de nouveau. Un petit garçon de la Thaïlande complétera notre famille bientôt. Le bonheur a une histoire, et elle est à suivre...

Francine Tétreault

Les diamants oubliés

*I*l y a déjà 20 ans, naissait Mariève, notre premier enfant. Pour cette grande occasion, Lévis, mon mari, m'offrait une bague à diamants.

Très fier de ma surprise et de mon émerveillement, Lévis m'expliqua avec plaisir la signification de ce cadeau. Huit petits diamants étaient montés sur la bague et entouraient un plus gros diamant au centre. Ce diamant central, c'était moi selon lui. Quant aux huit autres diamants, ils représentaient les enfants que nous aurions ensemble. Huit enfants! Je ne pus que lui sourire suite à cette déclaration qui m'apparaissait bien naïve.

Nous eûmes ensuite notre deuxième enfant, Nicolas.

Les années passaient et il m'arrivait souvent de regarder ma bague et de penser à la prédiction de Lévis. Était-ce une simple rêverie d'un jeune homme amoureux ou une intuition de ce que l'avenir nous réservait? Je l'ignorais. Et plus les années passaient, plus la probabilité d'avoir huit enfants diminuait.

Nos enfants ont vieilli et sont devenus de jeunes adultes.

Comme nous aimions toujours autant les enfants, malgré les années qui s'accumulaient, nous avons caressé le projet d'adopter durant au moins huit ans. Sans que nous sachions pourquoi, une agence d'adoption, que nous avions déjà contacté, continuait à nous envoyer son petit bulletin. Il semble que nos coordonnées soient restées tout ce temps dans leur fichier. Or, une belle journée, en feuilletant l'exemplaire de leur bulletin que je venais de recevoir (j'appris par la suite que c'était le dernier qu'elle nous expédiait), je tombai littéralement en amour avec 3 noms d'enfants colombiens pour qui l'agence cherchait des parents. Leur âge était aussi indiqué.

Lorsque je lui montrai les noms des enfants, Lévis fut tout aussi enchanté que moi. Puis notre fille Mariève regarda à son tour le bulletin.

– Il y a juste un petit détail qui vous a échappé, dit-elle, ils ne sont pas trois mais bien six!

En fait, l'énumération de la fratrie se poursuivait sur l'autre ligne. Dans notre excitation, nous n'avions pas poursuivi notre lecture, Lévis et moi.

Issus tous les deux d'une famille nombreuse, le nombre ne nous fit pas reculer. Il était hors de question de séparer ces frères et sœurs dont l'âge variait entre 4 et 13 ans. C'est ainsi qu'en juin 1999, je contactai l'agence afin de lui signifier que nous étions intéressés à adopter ces enfants et que nous souhaitions avoir plus d'informations les concernant.

La responsable de l'agence me brossa un tableau sommaire de chacun des enfants. Plus j'en apprenais, plus j'étais emballée. Elle avait de plus des photos des enfants et elle nous invita à venir les voir. Une fois chez-elle, nous avons découvert la beauté de ces enfants. La première photo était celle de l'aîné, Michael. Je tombai immédiatement en amour avec cet enfant. Et ce fut ainsi pour les cinq autres. Ils étaient adorables avec leur petit air coquin.

Les démarches administratives ne causèrent aucun problème et le 3 novembre 1999, nous nous envolions vers nos enfants en Colombie.

Ce n'est qu'à Cali, en Colombie, que je repensai à ma bague et à la prédiction de Lévis. Je comptai les enfants que nous avions finalement eu ensemble: 2 biologiques et 6 adoptés. Au total, huit! Huit comme le nombre de petits diamants sur ma bague! Lévis avait eu raison. Ce que je crus n'être qu'une douce rêverie devint réalité.

Début décembre, nous étions de retour au Canada, entourés d'amis et de parents (dont un grand-père de 89 ans) venus nous accueillir. Les enfants eurent tellement de cadeaux à Noël que nous ne savions plus où les ranger. Ce fut un très beau Noël, tant pour eux que pour nous.

Notre fille Alba, âgée de 12 ans, écrivit une lettre de Noël au personnel de l'orphelinat à Cali. Dans sa lettre, elle exprimait le vœu que tous les enfants de l'orphelinat aient une maman et un papa pour la nouvelle année qui approchait. Moi aussi, je souhaitai que tous les petits *diamants* oubliés du monde entier brillent dans une famille pour la prochaine année et pour la vie.

Marjolaine Giroux

La force de l'amour

*L*e 15 avril 1998 fut une journée très spéciale pour nous. Notre petit garçon, Vincent-Joël, entrait dans notre vie après une attente de quatre mois.

La veille, nous nous étions levés à l'aube afin d'attraper le vol pour Haïti. Après une longue et pénible envolée de cinq heures, l'avion atterrissait enfin sur le sol haïtien. À l'aéroport, deux représentantes de l'orphelinat s'approchèrent de nous et nous tendirent notre joli petit garçon, à peine âgé de 6 mois. Notre joie était à son comble. Nous tenions enfin notre Vincent-Joël dans nos bras. Les deux dames nous confièrent également un autre petit garçon, âgé de 10 mois, que mon mari devait escorter jusqu'au Canada.

Le retour en avion se déroula merveilleusement bien. Non seulement notre bébé semblait en pleine forme, mais de plus il gazouillait comme s'il voulait nous amuser. Il était adorable. Après avoir atterri à Mirabel, nous avons récupéré l'auto et roulé jusqu'à Jonquière. Bien qu'il n'avait pas encore dormi, bébé Vincent-Joël se portait bien. Il promenait son regard tout autour de lui. Il était calme et semblait heureux. Nous sommes arrivés à la maison en pleine nuit. Nous avons alors déposé Vincent-Joël dans son lit et il s'endormit aussitôt.

Le lendemain, dès 9 heures, nos parents et ma sœur firent un saut à la maison pour nous saluer et souhaiter la bienvenue au nouveau membre de la famille. Évidemment, ils avaient tous hâte de le voir, de lui parler et de le serrer dans leurs bras. Toutefois, Vincent-Joël dormait encore.

À 9 heures 30, je décidai de le réveiller doucement en lui parlant tendrement. Il sortit du sommeil mais se mit aussitôt à pleurer. Je le pris dans mes bras pour le rassurer et le consoler mais il pleurait toujours. De plus, il semblait respirer difficilement. Je le tendis à l'une de ses grands-mères. Nous avons alors remarqué son regard vague. Il émettait aussi des bruits inquiétants en respirant.

Vincent-Joël se calma, mais de toute évidence, il n'allait pas bien. Un climat d'inquiétude s'était installé à la maison. Nous tentions de nous rassurer en cherchant des explications: peut-être était-il épuisé du voyage? Peut-être avait-il eu un choc dû au dépaysement? L'inquiétude montait et nous décidâmes, mon mari et moi, que la meilleure chose à faire était sans doute d'appeler un médecin.

Dès son arrivée, le médecin constata la gravité de la situation. Notre bébé était en danger! Il le sortit du lit et le secoua pour le réveiller. Peine perdue, Vincent-Joël ne se réveillait pas. Le médecin nous avisa qu'il n'y avait aucun instant à perdre et qu'il fallait conduire notre bébé à l'hôpital, ordonnant du même coup à son collègue qui l'accompagnait de préparer l'oxygène.

Comme dans un mauvais rêve, le temps sembla se figer. Nous étions tous inertes, ne sachant quoi penser. J'avais la douloureuse impression que tout s'effondrait autour de moi. J'avais tellement peur de perdre mon bébé.

À l'hôpital, le personnel médical s'affairait autour de Vincent-Joël, toujours inconscient. Les médecins ignoraient la nature du problème qui l'affligeait. Il fut transféré à l'hôpital de Chicoutimi sans reprendre conscience.

De jour en jour, nous espérions des signes d'encouragement, mais nous étions constamment ballottés entre les bonnes et les mauvaises nouvelles. Un jour, il allait mieux et le lendemain son état s'aggravait. Par deux fois, il faillit mourir. Les médecins ne savaient toujours pas de quoi souffrait notre petit garçon.

Finalement, ils diagnostiquèrent une encéphalite virale qu'il aurait subie la nuit de son arrivée, provoquant des crises d'épilepsie. Ces crises se répétaient constamment sans que les médecins parviennent à les contrôler. Ils décidèrent donc de le transférer au Centre Hospitalier de l'Université Laval (CHUL), à Québec. À ce centre hospitalier, notre bébé fut soumis à chaque jour à une batterie de tests, particulièrement à caractère neurologique. Les médecins du CHUL lui administrèrent de nombreux médicaments, espérant trouver la dose requise.

Durant les six semaines que dura son hospitalisation, nous sommes restés à son chevet du matin au soir, sept jours par semaine. On nous avait informé que l'encéphalite virale dont avait souffert notre bébé, avait détruit des cellules de son cerveau. Les dommages avaient causé un handicap très sévère. Nous étions conscients qu'il serait dorénavant différent mais c'était notre enfant et nous l'aimions de tout notre cœur. Plus que tout au monde, nous souhaitions qu'il survive.

Finalement, Vincent-Joël obtint son congé de l'hôpital. Il n'était pas véritablement remis, mais les médecins conclurent qu'il lui serait bénéfique de retourner dans son foyer, entouré de notre amour.

Débuta alors la ronde incessante des rendez-vous. Le physiothérapeute 2 fois par semaine; l'ergothérapeute, une fois par semaine; le neurologue, une fois à toutes les deux semaines. Vincent-Joël subissait de 20 à 30 crises d'épilepsie quotidiennement. J'ai abandonné mon travail afin de me consacrer entièrement à notre enfant. Malgré tous nos soins et nos espoirs, Vincent-Joël ne progressait pas. Il ne bougeait pas et aucune expression n'animait son visage.

Finalement, avec le temps, nous eûmes droit au plus beau des cadeaux: un sourire de notre fils! Ce sourire, qu'il refit à quelques reprises par la suite, nous combla de joie. Nos efforts n'étaient pas vains.

Puis, un soir d'été, après une longue discussion, mon mari et moi avons décidé d'adopter un second enfant. Ce projet nous enthousiasmait et nous étions convaincus qu'il serait bénéfique pour notre famille. Nous avons donc communiqué avec l'agence pour annoncer notre projet. Madame Gauvreau fut enchantée de notre décision. Attristée par la maladie de Vincent-Joël, elle constatait avec joie que nous avions bien traversé cette épreuve et que nous acceptions entièrement notre fils comme il était. Notre amour pour lui surpassait notre chagrin.

Quelques semaines plus tard, Mme Gauvreau vint nous visiter, réjouie de notre projet et désireuse de rencontrer notre Vincent-Joël. Elle venait aussi nous annoncer qu'elle avait bâti un projet, qu'elle nommait «petit ange», afin d'amasser les fonds nécessaires à notre seconde adoption. Pour nous, c'était un véritable miracle. Nous étions énormément touchés par tant d'appui et d'amour envers nous.

Peu de temps après, nous reçûmes la proposition de notre «petit ange», puis quelques mois plus tard, précisément le 10 mars 1999, Charles-Olivier entrait dans notre famille, au grand bonheur de tous. Malgré ses deux ans, Charles-Olivier accepta aussitôt son frère. Il savait déjà qu'il était différent et qu'il avait besoin d'amour et d'attention.

Aujourd'hui, Vincent-Joël sourit constamment. Il tourne la tête lorsqu'une voix familière lui parle, il éclate de rire, il bouge beaucoup, il se met les doigts dans la bouche, il se redresse la tête, et quoi encore! Quelle joie ressentons-nous à le voir progresser ainsi, lentement mais sûrement! Je crois que son frère y est pour beaucoup dans son développement. Charles-Olivier est très attentionné envers son frère. Il le promène en poussette, il lui parle constamment, il se couche à ses côtés et le couvre de baisers.

Depuis plus de 5 mois, Vincent-Joël ne fait plus de crise d'épilepsie. Cette accalmie contribue à son développement puisqu'il est moins fatigué et que la dose de médicaments est équilibrée.

Nous sommes conscients que notre fils sera toujours dépendant de nous. Cela peut vous surprendre mais il n'est nullement un fardeau pour nous. Au contraire, nous sommes heureux de prendre soin de lui et je dois vous avouer qu'il nous apporte tant en retour. Son sourire, sa bonne humeur, sa patience et son calme sont des encouragements et des exemples pour nous. Il est tellement mignon et joli. Notre amour pour lui est inconditionnel. Nous croyons que c'est un miracle qu'il soit encore en vie.

Nous sommes une famille avec un enfant différent mais si attachant. Nous avons deux merveilleux garçons que nous aimons de tout notre cœur. Peu importe si le destin a fait de Vincent-Joël un enfant fragile et dépendant, nous serons trois à veiller sur lui, à l'entourer d'amour et à lui prodiguer les soins dont il a besoin.

Vincent-Joël est et restera notre bébé d'amour pour toujours!

La famille Vaillancourt

Une réponse à la prière des enfants

$\mathcal{M}$a nièce Cecilia était mariée depuis six ans et elle n'avait pas encore eu le bonheur d'être mère. Son mari et elle adoraient les enfants et souhaitaient ardemment la venue d'un petit bébé dans leur famille. Après avoir passé une panoplie d'examens très éprouvants, elle a dû se rendre à l'évidence: son désir de concevoir un enfant ne pouvait être comblé naturellement. Elle avait peut-être une chance de devenir enceinte au moyen de l'insémination artificielle, ce qu'elle tenta à quelques reprises, mais elle était tellement malade après chaque essai infructueux, qu'elle dut y renoncer. En désespoir de cause, le couple songea à l'adoption, tout en se disant que le délai serait long avant de pouvoir enfin tenir leur enfant dans leurs bras.

Cecilia demeure à Vina Del Mar, situé dans la partie centrale du Chili. Avec l'aide de sa mère Gladys, elle a mis sur pied une garderie qui accueille quotidiennement une vingtaine d'enfants. Tous les matins, les enfants de la garderie ont l'habitude d'adresser une courte prière aux anges gardiens, leur demandant de passer une bonne journée, d'avoir du plaisir dans leurs activités, ou encore de fabriquer de beaux bricolages dont ils seront fiers. Cecilia priait, quant à elle, pour que son désir de maternité soit exaucé. Un jour, elle eut l'idée de faire participer les enfants. Elle leur parla de son désir intense d'être mère et leur proposa de prier pour la venue d'un petit bébé dans sa vie.

Les enfants acceptèrent avec candeur et enthousiasme. Certains lui dirent même de ne pas s'inquiéter, car le petit bébé arriverait bientôt, ils en étaient convaincus.

Une semaine plus tard, alors que Cecilia conversait avec une amie, celle-ci lui dit:

— Pourquoi n'irais-tu pas déposer ton dossier pour une demande d'adoption à l'orphelinat Concepcion dans le sud du Chili? J'ai entendu dire que cet endroit accueillait plusieurs enfants et qu'il était possible d'en adopter assez rapidement.

Sans perdre de temps cette fin de semaine-là, ma nièce et son mari prirent l'avion pour se rendre dans le sud du Chili afin de faire, en bonne et due forme, une demande d'adoption à l'orphelinat Concepcion. Il y avait, bien sûr, plusieurs autres demandes, et la leur fut déposée sous la pile. La directrice leur promit de l'étudier attentivement lorsque leur tour viendrait. Ils seraient alors rappelés pour une entrevue. Au moment où ils s'apprêtaient à sortir du bureau, la pile de dossiers tomba pêle-mêle par terre. Le premier que la directrice ramassa fut le leur. Voyant cela, elle leur dit:

— Il n'y a pas de hasard si votre dossier se retrouve en premier dans mes mains. Asseyez-vous, nous allons regarder votre demande aujourd'hui.

Elle consulta le dossier qu'ils avaient préparé et les questionna longuement. Satisfaite, elle leur assura que leur demande allait être prise en considération et qu'ils seraient contactés dès qu'il y aurait un enfant de disponible pour eux. Avant leur départ, la dame leur proposa de visiter l'orphelinat afin de voir les enfants qui s'y trouvaient. Ceux-ci acceptèrent avec joie.

— Vous savez, leur dit-elle, nous avons beaucoup de demandes et les petits bébés ne restent pas longtemps ici; une semaine tout au plus et ils sont partis. Par contre, les enfants de deux ans et plus demeurent avec nous à vie, car personne ne veut les adopter à partir de cet âge-là.

À la fin de la visite, la directrice leur dit soudainement:

– J'allais oublier de vous montrer un bébé de trois mois que nous avons. Je ne comprends pas pourquoi il est encore ici; il est en parfaite santé en plus d'être mignon et tout à fait charmant. On dirait que les gens qui viennent à l'orphelinat ne le voient pas. Personne n'a encore demandé à l'adopter, ce qui est inhabituel pour un enfant de cet âge.

À la vue du bébé, Cecilia se sentit remuée au plus profond de son cœur. Il s'agissait du plus bel enfant qu'elle ait jamais vu, qui la regardait dans les yeux avec la joie de celui qui retrouve sa mère. Le lien fut immédiatement très fort. Elle ne douta pas un instant que ce bébé la reconnaissait comme sa mère, tout comme elle-même le reconnaissait comme l'enfant qu'elle attendait. Elle regarda son mari qui était lui aussi sous le charme de ce petit enfant et, se tournant vers la directrice, demanda:

– Dites-nous ce que nous devons faire pour adopter ce bébé, car cet enfant est le nôtre.

– Vous voulez vraiment ce bébé? leur dit-elle.

– Bien sûr, de tout notre cœur, répondirent-ils ensemble.

– Voulez-vous l'avoir tout de suite?

– Que voulez-vous dire?

– Vous pouvez partir avec cet enfant si vous le désirez. Ce n'est pas dans nos méthodes habituelles d'agir ainsi. Je n'ai même jamais autorisé une telle chose. Mais suite à l'entrevue, vous répondez à tous les critères exigés pour les futurs parents de nos protégés. De plus, j'ai constaté la réaction de l'enfant en vous voyant: il vous reconnaissait assurément comme ses parents. Le lien d'amour est visible entre vous et lui, alors amenez-le sans tarder, car je suis persuadée que vous prendrez bien soin de lui.

Ma nièce et son mari pleuraient de joie en tenant pour la première fois leur bébé dans leurs bras. Ils avaient de la difficulté à croire à un tel miracle. Cet enfant qu'ils espéraient depuis des années venait de se manifester à eux. Leur reconnaissance était immense.

Cecilia téléphona à sa mère pour lui apprendre la bonne nouvelle. Le village où ils se trouvaient était très pauvre et ils ne pouvaient pas se procurer des couches ou des vêtements de bébé pour le voyage, alors celle-ci leur fit parvenir rapidement tout ce dont ils avaient besoin pour ramener leur petit ange à la maison. Leur arrivée fut une merveilleuse fête pour toute la famille ainsi que pour les enfants de la garderie qui accueillirent chaleureusement le nouveau venu.

Cecilia est persuadée que c'est grâce à la prière des enfants si son vœu a été rapidement exaucé car, dit-elle, ils y ont mis tout leur cœur en étant certains qu'ils étaient entendus et que le bébé se présenterait d'une façon ou d'une autre. Je pense aussi que si nous arrivions à retrouver notre foi et notre candeur d'enfant lors de nos prières, en mettant nos doutes et notre rationnel de côté, nous pourrions plus facilement être entendus et exaucés.

Herminia Ordenes

Noir et blanc

– Une photo... Souriez, s'il vous plait.

– Allons, ma petite Sylvie, souris au monsieur.

*P*eine perdue, je ne souris pas, je ne souris plus.

«Maman, pourquoi ne veux-tu pas de moi?»

Et je me mis à pleurer. Mon petit cœur comprit très tôt que cette mère était différente. Oh! Bien sûr, elle était blanche elle aussi, comme moi, comme cette mère que je voulais plus que tout, mais différente. Elle n'était qu'une mère de famille d'accueil. Longtemps, très longtemps, j'ai espéré que cette femme me considère comme sa propre fille. Mais plus le temps passait, plus mon espoir s'amenuisait. Un jour, j'ai compris que je devais me résigner à n'être la fille de personne.

Que d'enfants voient défiler la vie, voient défiler leur propre vie comme un mauvais rêve, comme un cauchemar dont ils voudraient sortir! Que d'enfants dont les jours s'écoulent comme une nuit interminable hantée par des songes de pluie! Encore, s'il n'y avait qu'un cordon ombilical à couper et qu'une rupture à accepter. Mais non, les séparations se multiplient et les familles se succèdent. Il n'est guère facile de briser ce cercle vicieux.

Adulte, après avoir donné trois fois la vie, je me retrouvai confrontée à un couple qui n'allait pas et qui se termina par un divorce. Un de plus dans un monde qui se cherche, dans une société à la dérive. Heureusement, quelqu'un, à quelque part, priait et Dieu entendit. Il me tendit encore la main au milieu de la tempête. Et arriva Jacques dans ma vie, homme droit et sincère auquel je m'unis pour les jours tendres et les jours de pluie.

Puis, soudain, de nouveau un cri: «Maman, où es-tu?»

Mais cette fois-ci, d'où pouvait bien venir cet appel, ce cri si ténu, si faible et si lointain qu'on ne l'entendait qu'à genoux, recueilli? Pourquoi soufflait-il à notre esprit le nom de ce pays étranger? Haïti...Haïti... N'était-ce qu'un mauvais rêve, une lubie? Non, la voix se faisait de plus en plus pressante et insistante, jusqu'au jour où nous la vîmes enfin, cette petite, toute petite perle des Caraïbes au teint d'ébène pâli. Elle n'avait même plus la force de sourire, encore moins de pousser un grand cri. Une nouvelle histoire d'amour naissait.

Graduellement, ses yeux, son corps et son cœur reprirent goût à la vie, entourée dorénavant de cinq paires de bras pour la prendre, l'entourer, la cajoler et la protéger. Et par notre amour réciproque, par notre lien mère-fille, je guéris enfin de n'avoir été la fille de personne.

Nous lui avons donné le nom d'Éva, du nom de notre église, ce qui signifie: vie abondante. Cette histoire, loin d'être la seule ni la dernière du genre, est signée de la main de Dieu qui offre à quiconque lui demande un nouveau départ, une *nouvelle vie*. Et si vous pouviez voir les deux petits bras d'Éva tendus vers le ciel et son sourire magnifique, vous ne pourriez que vous exclamer avec elle: Alléluia!

Sylvie Levesque

Une perle de l'océan

« Il existe une demeure en chacun de nous. Elle abrite nos émotions. On y habite toujours, où que l'on aille, quoi que l'on fasse. On appelle cette étrange demeure, la vie intérieure, la maison de notre cœur décorée des affres, des joies, des surprises de l'existence. Mais quelques fois, le froid transperce les murs et nous atteint jusqu'à l'âme. »

Marie-Christine Lafrance

C e froid a habité mon cœur durant bien des années, par l'absence de cet enfant que je désirais plus que tout mais qui n'arrivait jamais. J'en éprouvais un sentiment de perte, comme si depuis mille ans, j'avais perdu un enfant qui m'était pourtant destiné depuis toujours.

Mon esprit refusait cette absence. À chaque jour, je parlais à cet enfant, l'invitant à partager ma vie, notre vie à Réjean et à moi. Nous étions prêts, impatients même de l'accueillir inconditionnellement...

Il me semble avoir désiré Océane depuis toujours. Ce flot d'amour finirait-il par me noyer? J'avais pleuré si souvent en prenant les enfants des autres dans mes bras. J'avais embrassé leur petit cœur tendrement en séchant mes larmes sur leurs vêtements. À chaque fois, leurs petits yeux surpris semblaient se couvrir de sagesse, comme pour me laisser un message d'espoir. J'aurais voulu les détester aussi fort que je les aimais afin de me libérer de cette emprise sur ma vie!

Pour concevoir Océane, nous ne pouvions compter que sur notre cœur, notre esprit et notre foi. Aussi, par un beau jour de printemps, nous nous sommes tournés vers l'adoption internationale. Bien entendu, débuta alors le cortège des rencontres, des évaluations, des papiers légaux, des formalités, des tests et des sous à amasser. Mais il y eut plus, beaucoup plus que cela.

L'océan

Quelques mois plus tard, au cœur d'un été de labeur, d'un été sans vacances à compter, à amasser, à économiser et à recompter nos sous comme des fous, ma mère revint d'un séjour à la mer avec en mains la photo d'une mignonne petite fille chinoise qu'elle avait croisée sur la plage. Cette photo était pour moi un signe d'espoir. Elle ne me quittait jamais.

L'été suivant, épuisés de courir après l'argent, nous avons pris des vacances. À la mer, bien entendu. Car rien ne m'apporte plus de sérénité et de ressourcement que l'océan. La puissance qui s'en échappe et la vie qu'il transmet sont les plus grandes sources d'énergie que je connaisse. Un matin très tôt, je me suis approchée de l'océan et m'y suis trempée les pieds afin d'établir un contact avec Dieu. Je Lui ai alors demandé de diriger jusqu'à moi cette fillette que je désirais éperdument. Dans le rouleau d'une vague, l'océan m'apporta la réponse. Je ressentis cette douce certitude qu'elle était déjà en route. Et comme rien ne pouvait empêcher l'océan d'aboutir jusqu'au rivage, rien ne pouvait empêcher ma fille de naître, de survivre et de nager jusqu'à moi. Ainsi fut conçue Océane...

Le choix

Une nuit de juillet, je fis un rêve. Dans ce rêve, je partais avec ma mère pour un voyage secret. Nous nous sommes retrouvées dans une maison où plusieurs bébés étaient couchés. Ils étaient enveloppés dans des couvertures aux teintes pastel: jaune, bleu, rose... Ils étaient blottis dans de tout-petits lits collés les uns aux autres. Cela donnait l'image de petites cases. Chaque bébé avait son casier. Alors nous nous sommes penchées sur deux poupons. Nous devions en choisir un seul, mais comme un enfant devant une boîte de chocolats, je n'arrivais pas à faire mon choix. J'hésitais entre deux fillettes, l'une enveloppée dans une couverture bleue et l'autre, avec tout plein de cheveux noirs, dans une couverture rose. Cette dernière me fit fondre le cœur et m'attira particulièrement. Puis, soudainement, je me suis réveillée. Ce n'était qu'un rêve, mais il avait imprégné tout mon être. L'impossible deviendrait possible. J'en étais de plus en plus convaincue.

La rencontre

Un matin, bien calée dans un fauteuil, je faisais un peu de lecture. À un certain moment, je levai les yeux, l'esprit ralenti. Ce doux instant ressemblait à une pause dans un poème, comme si le temps était suspendu pour une seconde. Mon regard fut attiré vers la berceuse que m'avait offerte ma mère. Une fillette s'y tenait debout, conservant l'équilibre en posant sa main sur l'appui-bras de la berceuse. Une multitude de grains lumineux se collèrent les uns aux autres et l'image devint complète et précise. Un enfant était là devant moi, vêtu d'une robe de la couleur du blé, les cheveux noirs dressés sur sa petite tête et les yeux aussi ronds que noirs. Un souffle et elle était disparue. Je restai bouche bée, ne pouvant plus bouger. Cette vision de tendresse m'avait nourrie d'une paix merveilleuse, comme un pansement sur une blessure longtemps ouverte. Était-ce Océane ou un petit ange venu me dire de tenir bon? Beaucoup plus tard, je sus que c'était bien l'image d'Océane qui m'était alors apparue.

Le rendez-vous

Un matin ensoleillé, assise sur le rebord de mon lit, j'eus une autre vision. Le temps sembla de nouveau s'arrêter. Là devant moi, se dessinait l'image un peu floue et à peine perceptible d'une femme. Mon attention était entièrement dirigée vers le bébé qu'elle tenait dans ses bras. C'était de nouveau cet enfant, avec ses cheveux noirs dressés sur sa tête, ses yeux noirs si peu bridés et son sourire à faire fondre les plus grands glaciers de la Terre. Cet enfant était très joli, mais ne correspondait pas à ce que j'imaginais intérieurement. Ses petits yeux à peine bridés me firent même douter que nous irions chercher notre fille en Chine. Cet enfant semblait venir de la Bolivie, pays auquel nous avions pensé pour l'adoption.

Finalement, en mai 1998, nous avons reçu une proposition de la Chine. Et quelques jours plus tard, la photo de notre fille nous parvenait par le courrier. La nuit précédente, j'avais encore rêvé. Un magnifique bébé nous souriait. Il avait plein de cheveux et ses yeux rieurs nous regardaient comme si nous étions au-dessus de lui. Le lendemain, en regardant la photo d'Océane, je découvris que c'était bien le bébé de mon rêve. En plus, sur la photo, ses yeux regardaient vers le haut, attirés sans doute par la personne qui prenait la photo.

Plus tard, sur le sol chinois, lorsque je vis Océane pour la première fois, je la reconnus avec ses cheveux noirs dressés sur sa tête et ses yeux plutôt arrondis. Elle était venue plusieurs fois à ma rencontre durant cette longue attente, comme les vagues de l'océan qui viennent et repartent en laissant sur le rivage une petite perle bien précieuse.

Brigitte Rajotte

Maïna, notre don du ciel...
...Meigan, notre doux miracle!

*L*es larmes inondaient mon visage tandis que mes cheveux étaient secoués par le vent chaud du large. Le reflet de la lune sur l'eau, l'odeur saline du fleuve, le clapotis des vagues se brisant sur le bateau... tout contribuait au romantisme en cette belle soirée de juin 1995. Mon mari, blotti contre mon dos, m'enlaçait tendrement. Nous revenions de St-Romuald, sur la rive-sud de Québec, après une réunion d'information sur l'adoption en Chine. À la fois emballés et émus, nous avions pris notre décision. Notre petit bébé d'amour tant désiré serait d'origine chinoise.

Dès notre retour, je complétai le formulaire d'inscription et le retournai sans tarder à notre organisme d'adoption. Et la douloureuse attente débuta...

Mais un jour de pluie m'apporta enfin la bonne nouvelle!

Le jour de notre mariage, des années auparavant, il pleuvait. Ma mère m'avait alors réconfortée par un dicton: *Mariage pluvieux, mariage heureux*. Par la suite, j'avais souvent remarqué que les bonnes nouvelles nous arrivaient lors des jours de pluie. Et ce fut justement par une de ces journées pluvieuses que nous reçûmes la nouvelle tant attendue, celle qui allait changer notre vie. En ce 25 mars 1996, on nous proposait une petite fille âgée de 5 mois. Malgré le temps sombre et gris, j'étais au comble du bonheur. Entre les pleurs et les cris de joie, je crois que j'ai failli perdre conscience.

Mais avant de tenir ma fille dans mes bras, il me fallait encore attendre.

Trois mois s'écoulèrent. Puis, le 21 juin, alors que j'étais au travail, l'appel pourtant si attendu me prit par surprise. Un collègue de travail frappa à la porte de la salle de bain où je reprenais mon maquillage. Il entrouvrit la porte et me demanda de venir prendre un appel. Sans me douter de la source de cet appel, je lui répondis que je terminais d'appliquer mon rouge à lèvres et que je sortirais tout de suite après. À mon grand étonnement, il pénétra dans la salle de bain, me prit le bras et m'entraîna à l'extérieur en me disant que je devrais prendre cet appel sans tarder. Je compris alors que des nouvelles de la Chine m'attendaient. On m'annonça effectivement que le départ pour la Chine était fixé au 3 juillet. Mes cris furent si retentissants que beaucoup de collègues de travail de l'étage des enquêtes criminelles accoururent, alertés par ces cris inhabituels. Ils réalisèrent, avec soulagement sans doute, que j'étais à la source de ces cris, et sachant mon bonheur, ils partagèrent ma joie.

Nous étions à quelques jours du départ pour la Chine, mais nous n'avions aucune photo de notre bébé. J'avais trouvé une photo d'une petite fille chinoise qui me plaisait particulièrement. Elle avait un joli visage enveloppé dans une abondante chevelure noire. Elle avait le teint foncé, des traits délicats et de mignons petits yeux noirs. J'avais découpé la photo et je l'avais affichée à la maison et au bureau. Tous les jours, je l'admirais en souhaitant que ma fille puisse ressembler à cette petite fille. Une amie me confia que sa mère avait agi de la même façon lors de ses trois grossesses et qu'à chaque fois, son bébé ressemblait à l'enfant qui était sur la photo! J'admirai alors avec plus d'enthousiasme la photo que j'avais découpée.

Enfin, ce fut le grand départ et nous nous sommes envolés pour la Chine.

Le pays natal de notre fille nous accueillit sous une forte pluie et des inondations inouïes. Nous étions impressionnés par tous ces gens qui marchaient dans les rues sans trop se préoccuper de l'eau qui leur arrivait jusqu'aux genoux. Évidemment, nous trouvions ces évènements déplorables. Mais nous ne pouvions nous empêcher de penser que la pluie avait souvent précédé de bonnes nouvelles dans notre vie. Même une toute petite averse avait l'habitude de nous procurer de grandes joies. Imaginons alors ce qu'une inondation pourrait nous apporter! Dès lors, nous étions convaincus que notre petite chérie serait un véritable don du ciel et qu'elle nous comblerait.

C'est à Changsha, dans le bureau d'adoption, que nous vîmes pour la première fois une photo de notre fille. Nous attendions, avec neuf autres couples, d'être nommés afin qu'on nous remette les carnets d'adoption de nos enfants respectifs. Assise auprès de mon conjoint, je n'arrivais pas à trouver une position confortable tant la nervosité me ravageait. Je tremblais et je respirais difficilement. On nous nomma et nous fit asseoir devant un bureau sur lequel étaient étalés sept carnets d'adoption. On ne pouvait voir que les photos des enfants, pas les noms. En les parcourant des yeux une à une, mon regard s'arrêta sur une petite fille à la chevelure foncée et aux yeux noirs. Elle était très jolie. Elle avait un petit nez, une charmante bouche en cœur et des sourcils en forme d'accent circonflexe. Elle était adorable et encore plus belle que la fillette inconnue que j'avais admirée sur ma photo, bien qu'elle lui ressemblait beaucoup. Persuadée, je la pointai du doigt et dit à mon conjoint que c'était elle notre fille. Il m'a simplement souri. Il m'avoua plus tard qu'il espérait que ce soit elle. La personne responsable des dossiers nous demanda alors notre nom. Elle souleva un à un les carnets pour y lire le nom des parents. Rendu au carnet de la petite fille qui nous intéressait tant, elle le souleva, lut derrière et nous le tendit. C'était bien notre bébé.

Puis, on nous fit attendre encore quelques heures dans nos chambres respectives. Soudain, un cri nous alerta: les bébés arrivaient. Accourus à la rencontre des petits trésors, nous devions toutefois attendre qu'on nous nomme. J'avais immédiatement repéré Maïna parmi les enfants. Adossée à un mur pour ne pas être trahie par mes jambes qui amollissaient de plus en plus, j'attendais mon tour en essayant, sans trop de succès, de contrôler ma respiration devenue rapide et bruyante. Puis, enfin, je pus prendre dans mes bras ma fille tant attendue et la serrer contre mon cœur qui l'avait portée si longtemps. Tandis que mon conjoint filmait, je chuchotai à l'oreille de Maïna. «Tu es ma fille adorée et je suis ta maman d'amour. Comme tu es belle! Comme je t'aime!».

De toutes les averses de notre vie, ce sont les pluies torrentielles de la Chine qui nous ont annoncé le plus grand bonheur. Parmi toutes les gouttes de pluie, une perle nous était destinée: Maïna, notre don du ciel!

Les semaines et les mois passèrent dans le bonheur de la vie familiale. Et pour combler notre joie, nous nous étions de nouveau inscrits pour l'adoption d'une autre petite fille en Chine.

Le 29 septembre 1998, en attente d'un départ pour la Chine prévu au printemps suivant, je rendis visite à mon oncle gravement malade et hospitalisé. J'étais très près de cet oncle, le considérant comme un second père. Il avait lui-même adopté une fille et il adorait Maïna. Atteint de la maladie d'Alzheimer, son état s'était particulièrement détérioré depuis quelques semaines. Il avait complètement perdu la mémoire, il ne mangeait plus et il était branché sur un respirateur artificiel. Il fixait le plafond sans aucune réaction.

Je demandai à être seule avec lui.

— Nous irons chercher notre seconde fille en Chine au printemps, lui dis-je incertaine d'être entendue. Vous ne la verrez pas mais je lui parlerai de vous.

Je lui demandai alors s'il m'entendait. Contre toute attente, les yeux de mon oncle se tournèrent vers moi. Il cligna des yeux en guise de réponse. J'étais bouleversée. Il n'avait pas de réaction depuis des semaines. Il ne réagissait à aucune stimulation. Mais je savais qu'il avait saisi mes paroles.

Le lendemain, en entrant au travail, je reçus la nouvelle de son décès survenu durant la nuit. Une douleur accablante m'envahit. À peine une demi-heure plus tard, je reçus un second appel, plus heureux cette fois-ci. On m'informait que nous pouvions partir pour la Chine le 17 octobre suivant. Déchirée par la perte de mon oncle et émue de rejoindre bientôt ma seconde fleur d'Orient, mes larmes exprimaient à la fois la peine et la joie. La pluie, cette fois-ci coulant de mes yeux, m'annonçait encore une fois une bonne nouvelle. Et cette nouvelle était étonnante et inattendue car notre départ devait avoir lieu au printemps. Intérieurement, je remerciai mon oncle car j'avais la vive impression qu'il y était pour quelque chose.

Le 19 octobre 1998, nous passions une nuit à Canton, dans la province chinoise de Guangdong, et nous reprenions l'avion le lendemain en direction de Zhanjiang. Pour moi, l'accouchement était déjà commencé : nausées, vomissements et insomnie.

À la sortie de l'avion, notre guide nous informa que les bébés étaient déjà à l'hôtel. Comme la première fois, je me suis mise à trembler et à respirer difficilement. Je regardai celui que j'aime et une lueur d'amour brillait dans ses yeux.

Arrivés à l'hôtel, notre guide nous recommanda d'attendre dans nos chambres respectives, ce que les sept couples acceptèrent de bon gré. Fébrile et nerveuse, j'attendais mon second enfant. Puis un cri de mon conjoint nous attira tous vers le hall où les nounous arrivaient avec les bébés dans les bras.

Tendrement, on me déposa Meigan dans les bras. Une bulle imaginaire se forma aussitôt autour de nous. Nous étions les parents les plus heureux au monde. Nous n'avions pas assez de nos deux yeux pour admirer ce petit être qui ne demandait qu'à être aimé. Elle était belle comme un ange. Je pleurais de joie et mon cœur débordait d'amour pour elle.

Ressentant un besoin d'intimité, nous nous sommes retirés dans notre chambre. Meigan se mit alors à sangloter d'une voix à peine audible. Je lui préparai son premier biberon qu'elle but bien blottie contre moi. Les pleurs reprirent et je la déposai sur le lit. Elle se calma un peu et nous en avons profité pour la dévêtir en vue de son premier bain avec nous.

Couchée sur le dos, elle avait le regard perdu et elle ne nous fixait guère dans les yeux. Elle semblait découvrir ses mains et ses pieds. Âgée de 10 mois, elle se tenait à peine assise. Sa tête se balançait de gauche à droite, d'avant en arrière. Lorsqu'elle était dans nos bras, nous devions soutenir sa tête car elle se renversait vers l'arrière. Je la chatouillais mais elle n'avait pratiquement aucune réaction. Lorsque nous lui présentions un jouet, elle l'ignorait et affichait un air indifférent. Rien ne semblait l'intéresser. De plus, elle semblait incapable de tenir quoi que ce soit dans ses mains. Persuadée qu'elle avait simplement manqué de stimulation, j'essayai de ne pas m'inquiéter outre mesure.

Une visite d'un volcan éteint depuis des centaines d'années était prévue dans l'horaire. Avec les six autres couples, nous nous sommes rendus à cette visite, accompagnés de Meigan. Tout au long du trajet et de la visite, d'une durée totale de six heures, Meigan pleura. Malgré tous nos efforts et notre attention, elle était inconsolable. Rien ne semblait soulager sa peine ou sa douleur. La journée fut très pénible pour elle et pour nous.

De plus en plus, nous étions conscients que ses pleurs exprimaient de la douleur. Mais elle ne faisait pas de fièvre et ne toussait pas. Elle était congestionnée légèrement, mais rien laissait supposer une maladie grave. Comme nous partions pour Pékin bientôt, nous préférions patienter et la faire examiner là-bas. De toute façon, à Pékin, nous devions obligatoirement nous rendre dans une clinique internationale pour le bilan de santé des enfants afin de compléter le processus d'adoption.

De retour à notre chambre après cette pénible journée, un des papas du groupe cogna à notre porte. Durant la journée, il avait observé Meigan et il était inquiet. Comme il était médecin, il nous demanda s'il pouvait l'examiner.

Il coucha Meigan sur le dos, lui saisit les mains et tenta de la soulever. Sa tête resta penchée vers l'arrière. Il nous dit alors qu'un bébé retient habituellement sa tête dès le quatrième mois. Il nous fit remarquer que ses mains étaient souvent repliées et son regard fréquemment dirigé vers le plafond. Même lorsqu'elle nous fixait, elle semblait ne pas nous voir, comme si elle s'était bâtie un monde bien à elle et auquel personne n'avait accès.

Avec beaucoup de tact, le médecin nous donna son avis sur l'état psychomoteur de Meigan. Elle ne répondait pas aux critères de développement d'un enfant de son âge. De nombreux signes démontraient qu'elle pouvait souffrir d'un retard aux niveaux physique et intellectuel.

Tout s'écroula autour de moi. Incapable de retenir mes larmes, je me mis à pleurer. Mon conjoint pleurait aussi. Nous étions bouleversés, démunis et sans ressource. Des pensées lugubres me torturaient. Si Meigan ne répondait pas aux critères de l'examen médical à Pékin, qu'allait-il lui arriver? Qu'allait-il nous arriver? Et en attendant, que faire? Ne plus la regarder? Ne plus la serrer dans nos bras? Ne plus l'embrasser? Impossible!

Elle était avec nous depuis déjà trois jours. Nous étions attachés à elle. Elle était notre fille.

Le médecin et notre guide restèrent avec nous jusqu'à la fin de l'après-midi, démontrant une délicatesse exemplaire et réconfortante. Même si je ne m'étais pas vraiment inquiétée jusqu'ici de l'état de Meigan, les observations du docteur jetaient des doutes sur notre propre jugement et suscitèrent de nombreuses questions sur la santé physique et mentale de Meigan. La seule certitude qu'il me restait, c'était l'amour profond que j'éprouvais pour elle. J'admettais qu'elle ne réagissait pas suffisamment à son entourage. Mais je ne pouvais oublier le fait qu'elle n'avait sans doute jamais été stimulée.

Je décidai donc de savourer chaque minute, chaque seconde même, avec ce petit être vulnérable que j'adorais. Rien ne pouvait me détourner de l'amour inconditionnel que j'éprouvais pour elle. Je devais garder espoir. J'avais besoin de l'amour de cette petite fleur autant qu'elle avait besoin de son papa et de sa maman. Cette réalité me donna des forces.

Après que nos deux amis nous eurent quittés, je me suis agenouillée devant Meigan. Je l'ai regardée quelques instants puis je la serrai très fort dans mes bras. C'était elle que la destinée m'avait confiée et c'est elle que je chérissais depuis des semaines déjà. Elle était ma fille et personne ne pourrait me l'arracher des bras.

Je téléphonai à mes parents et les informai de ce que nous vivions. Ma mère, bien que bouleversée elle aussi, se fit réconfortante et m'encouragea à rester confiante. Tout allait s'arranger, disait-elle. En raccrochant le combiné, je me sentis apaisée. Ma mère avait une étonnante capacité à ressentir les choses.

Comme il était 17h, nous devions rejoindre le groupe pour le repas du soir. Alors que nous mangions, je remarquai qu'un liquide verdâtre s'écoulait de l'oreille de Meigan, dégageant une odeur nauséabonde et désagréable. Voilà pourquoi elle pleurait tant! Une otite non soignée lui avait causé un abcès. Depuis combien de temps souffrait-elle ainsi? En prévention, j'avais apporté une trousse de premiers soins dans laquelle je repérai un antibiotique pour gérir les otites. Je lui donnai immédiatement le médicament.

Le lendemain, Meigan ne souffrait plus. Ses pleurs avaient cessé et nous eûmes même droit à un premier sourire. Elle éclata de rire lorsque je la chatouillai. Elle répondait enfin à nos marques d'affection.

Au bout de deux jours, Meigan souriait plus souvent. Son regard s'attardait de plus en plus sur nos visages. Couchée sur le ventre, elle tentait de se soulever en s'appuyant sur ses petits bras. Elle reprenait des forces. Il y avait lieu d'espérer!

Puis, vint le fameux examen médical à Pékin. Nous étions excessivement nerveux. Je m'efforçai de garder mon calme, mais le pire scénario pouvait s'abattre sur nous. J'avais peur. Comment imaginer la vie sans notre adorable Meigan? Nos liens d'amour étaient suffisamment tissés pour qu'ils soient dorénavant indestructibles. Si Meigan ne répondait pas aux critères de l'examen, on nous la retirerait et on nous confierait un autre bébé. Mon univers basculerait. Je ne me sentais pas la force de vivre une telle épreuve.

Finalement, le médecin nous donna son diagnostic. Il considéra son jeune âge et la progression de son éveil depuis qu'elle était avec nous. Il remarqua qu'elle était plus réceptive et qu'elle prenait de plus en plus de force. À la lumière de ces éléments, il jugea que Meigan pourrait rattraper rapidement son retard dû à l'absence complète de stimulation. À la sortie du bureau, nos sourires en disaient long. Nous pouvions ramener Meigan au Canada!

De retour au pays, nous avons eu accès à toutes les ressources nécessaires afin que Meigan puisse récupérer le plus rapidement possible. Les pédiatres, les physiothérapeutes et les ergothérapeutes ont tous favorisé son développement, mais pas autant que l'amour d'une maman, d'un papa et d'une grande sœur.

On sous-estime parfois la force de ces petits êtres. Meigan revient de loin. Dès la naissance, elle a dû combattre afin de survivre. Seule dans sa souffrance, elle a su se frayer un chemin à travers des conditions difficiles. Âgée maintenant de 27 mois, elle est en parfaite santé. Elle adore courir, sauter et danser. Elle a une joie de vivre communicative. C'est notre bébé joyeux. Aujourd'hui, lorsque sa tête se renverse vers l'arrière, c'est pour s'esclaffer de rire. Lorsqu'on la chatouille, elle se roule sur le sol et rit tellement qu'elle en perd le souffle. Et désormais, ses petits yeux nous fixent intensément lorsqu'elle nous câline ... ou lorsqu'elle nous demande des bonbons.

Je ne peux m'empêcher parfois de penser: quel aurait été le destin de Meigan en Chine? Heureusement, Dieu avait d'autres plans pour elle. Et à notre grande joie, ces plans nous incluaient. Meigan avait, avant tout, besoin d'amour pour se sortir de son repli intérieur. Sans doute Dieu avait-il nos curriculum vitae sous la main et y a-t-il lu que nous étions diplômés en amour profond, car nous avons la conviction qu'il nous a choisis pour vivre le plus doux des miracles avec Meigan, celui de la transformation par l'amour.

Aujourd'hui, notre famille nous rend heureux. Nos deux petites fleurs d'Orient s'épanouissent et embellissent notre vie. Nous nous sentons choyés: le ciel nous a gratifié d'un don et d'un miracle.

Marlène Trachy

Merci Mowgli

Nous avions déjà deux enfants biologiques, âgés de 5 ans et de 3 ans, lorsque mon mari et moi avons décidé d'adopter un autre enfant. Ce n'était pas une décision rationnelle, loin de là!

Nous avions toujours caressé le rêve d'une famille comptant quatre ou cinq enfants. La décision qui allait de soi était de continuer à avoir des enfants de la façon la plus naturelle qui soit. Mais un appel plus fort se fit entendre.

Un soir de décembre 1994, j'arrivai face à face avec une mignonne petite chinoise qui venait tout juste d'arriver au pays. Devant cette enfant adorable et nouvellement arrivée, je ressentis un sentiment au-delà de l'admiration, un sentiment intense et puissant. Je venais de recevoir un appel intérieur, comme si une petite voix me disait que je devrais adopter à mon tour.

Impatiente de tout raconter à Daniel, mon conjoint et mon complice de toujours, je me hâtai de retourner à la maison. Daniel fut réellement surpris. Puisque c'était une décision importante, je lui laissai quelques semaines pour mijoter cette idée inattendue. Finalement, à la Saint-Valentin, il me mentionna son accord pour l'adoption d'un enfant. J'étais enivrée d'une joie immense.

Évidemment, une adoption ne se fait pas en criant *ciseau*. Je me mis donc à l'œuvre afin de dénicher le pays où nous pourrions adopter un enfant. C'était plutôt complexe. Plusieurs pays furent éliminés rapidement, soit parce que nous étions trop jeunes ou soit parce que nous avions déjà des enfants biologiques. Il ne resta que quelques pays pour lesquels nous répondions à toutes les exigences.

J'avais la certitude que, quelque part sur la terre, notre enfant nous attendait. Mais où était-il? Comment choisir le bon pays pour le retrouver? Je décidai de faire confiance à la vie. Daniel et moi, nous nous sommes accordés un délai de deux semaines pour avoir une réponse concernant le pays à choisir.

Quelques jours plus tard, j'amenai les enfants au cinéma voir le film *Le livre de la jungle*. La première image qui apparut à l'écran était une carte de l'Inde. L'INDE! Mon cœur s'affola et mon sang ne fit qu'un tour! Enfin, j'avais la réponse. Je savais où était notre enfant!

Trois ans et plusieurs émotions plus tard, Aude arrivait enfin du pays de Mowgli. Je sais qu'il ne pouvait en être autrement. Je sais qu'elle était destinée à venir dans notre famille. Je remercie souvent la vie de nous avoir accordé sa présence parmi nous. Nous nous répétons souvent qu'elle est un véritable cadeau du ciel.

Manon Therrien

Écouter la voix intérieure

Notre histoire d'adoption se déroule au Québec, ce qui étonne souvent les gens habitués d'entendre parler d'adoption à l'étranger. Pourtant, l'adoption au Québec est toujours possible, mais les délais d'attente découragent plus d'un couple. Lorsque nous nous sommes inscrits, en juin 1987, on nous avait prévenu que l'attente serait environ de 7 ans. Mais c'était sans compter sur la vie qui parfois se moque des prévisions humaines et nous conduit sur des chemins imprévisibles.

À cette époque, nous habitions une charmante maison ancestrale, à St-Antoine-sur-Richelieu. Notre maison était plutôt petite et elle ne comportait qu'une seule chambre. Pourtant, nous nous y sentions bien et nous n'avions jamais pensé à la vendre, jusqu'au mois de janvier 1989...

Une pancarte devant une jolie maison avait attiré notre attention et fait naître en nous un curieux et urgent besoin d'acquérir cette demeure. Nous ignorions d'où nous était venue cette soudaine envie d'acheter une plus grande maison. Mais nous ressentions très clairement en nous la nécessité de l'acquérir. Toutefois, nous étions devant un dilemme: faire une offre d'achat sans condition et maximiser nos chances de l'obtenir ou présenter une offre d'achat conditionnelle à la vente de notre maison, au risque de perdre la maison convoitée. Contre toute logique financière, mais en écoutant notre voix intérieure, nous avons opté pour l'offre d'achat sans condition et la vente s'est rapidement conclue. Nous devions prendre possession de notre nouvelle maison en juin. À ce moment, nous avions deux maisons. Il fallait en vendre une absolument. Fort heureusement, les évènements se sont bien enchaînés et nous avons finalement vendu notre première maison.

Tout juste une semaine avant le déménagement, les services sociaux nous ont téléphoné et nous ont proposé, en famille d'accueil, non pas un mais deux bébés, des jumeaux de 15 mois nés d'une mère haïtienne et d'un père africain. Nos chances de les adopter étaient évaluées à 90 %. On nous expliqua que la mère n'était pas entièrement décidée à confier ses enfants en adoption. Elle tenait à connaître la famille adoptive avant de donner son accord final. Nous étions plutôt inquiets de la possibilité que la mère biologique reprenne les bébés. Nous aurions alors vécu des moments difficiles. Mais encore une fois, la petite voix intérieure nous incitait à accepter le risque et à accueillir les jumeaux, ce que nous avons finalement fait.

Comme nous étions à une semaine du déménagement, nous avons insisté pour qu'ils nous amènent les enfants après notre changement de domicile, ce qu'ils acceptèrent même s'ils souhaitaient les reconduire chez-nous le plus tôt possible.

Notre nouvelle maison était une véritable bénédiction. Contrairement à notre demeure précédente, elle était idéale pour accueillir des enfants. On y trouvait même une chambre magnifiquement décorée et prête à recevoir les garçons. J'ai alors compris pourquoi nous avions eu ce coup de cœur pour cette maison. L'autre ne nous aurait pas permis d'accueillir deux enfants. Et la vie nous destinait ces enfants.

Durant la semaine, ce fut le branle-bas de combat. Nos amis et des membres de nos familles s'étaient divisés en deux équipes. L'une s'affairait à nous trouver tout ce dont nous avions besoin pour les enfants : vêtements, jouets et accessoires.

Tandis que l'autre s'occupait du déménagement. Autant vous le dire, une semaine de grossesse, c'est vite passée!

Au matin du 21 juin 1989, à peine deux ans après notre inscription, deux adorables petits bébés noirs sont arrivés dans les bras des travailleurs sociaux. J'étais bouche bée devant les bébés. J'avais les jambes molles et les yeux remplis de larmes. Que de belles émotions! Les enfants marchaient partout dans la maison. Nous avons appris par la suite que l'un des jumeaux avait fait ses premiers pas ce matin-là.

Par la suite, tout se déroula à merveille. Nous avons vu la mère biologique durant 6 mois et elle donna ensuite son accord pour l'adoption. Notre petite voix intérieure ne nous avait pas trompés, encore une fois!

Notre histoire d'adoption m'a enseigné que le meilleur chemin à suivre, c'est celui que nous dicte notre voix intérieure, la voix de notre âme. Et à chaque jour, les jumeaux sont là pour me le rappeler.

François

Les liens du cœur

*D*epuis mon enfance, j'ai toujours rêvé d'adopter. C'est précisément à l'âge de 12 ans que germa en moi ce désir. À cette époque, une tante m'accueillait chez-elle pour les vacances d'été. Cette tante avait huit enfants, dont quatre avaient été adoptés. J'aimais particulièrement un petit bébé, une petite fille haïtienne belle à croquer.

Je vieillis et je me suis mariée. Le dimanche, mon mari et moi allions visiter la crèche de l'époque. Nous désirions tous les deux une grande famille et il était établi entre nous que si nous ne pouvions pas concevoir des enfants, alors nous en adopterions.

Finalement, la vie nous donna six merveilleux enfants. Et évidemment, nous avions oublié l'adoption. Mais le désir ne s'était jamais véritablement éteint dans mon cœur.

Les années passèrent et mes enfants, devenus adultes, menaient dorénavant leur propre vie avec autonomie. Un beau jour, l'une de mes filles m'annonça qu'elle et son mari avaient entrepris des démarches pour adopter un bébé colombien. J'accueillis cette nouvelle avec une grande joie. À travers ma fille, j'allais réaliser un vieux rêve délaissé et goûter au bonheur d'adopter.

J'ai donc vécu de très près la maternité de ma fille, avec ses joies et ses peines, ses espoirs et ses peurs, et surtout la fameuse et longue attente. Cette attente dura plus de 2 ans et demi et fut chargée d'émotions de toutes sortes. Nous attendions tant notre petit bébé du bout du monde!

Puis, ce fut le grand jour. Elle et son mari s'envolèrent pour la Colombie et revinrent au bout d'un mois avec, dans les bras, ma nouvelle petite fille. Elle était très éveillée malgré ses deux mois et demi, quelque peu timide et belle comme un cœur. Elle avait déjà adopté sa maman et son papa. Il n'était pas facile de l'approcher et ses adorables sourires étaient réservés à ses parents. Je l'ai aimée au premier coup d'œil.

Dès son arrivée, ma fille me fit une offre inattendue. Si elle et son mari adoptaient de nouveau, elle me proposait de vivre l'expérience avec eux. L'idée m'avait séduite. Mais encore fallait-il qu'ils adoptent une seconde fois...

Les évènements se succédèrent et un second projet d'adoption se réalisa. C'est ainsi que trois ans après l'arrivée d'Angélica, je me préparais à partir avec eux vers la Colombie pour adopter un garçon, mon petit-fils. Il ne manquait plus que la proposition finale. Et cette proposition, c'est moi qui en ai reçu la nouvelle. Ma fille et son mari n'étaient pas à la maison cette journée-là. L'agence les cherchait de toute urgence afin de leur faire la proposition d'un garçon. Comme la responsable du dossier avait mon numéro en note, elle téléphona chez-moi. Évidemment, j'ai su immédiatement ce que ce coup de fil signifiait. Mon petit-fils était né. Ma fille m'avait souvent raconté l'effet d'un tel appel. Mais je ne croyais jamais le vivre. Les battements du cœur s'accélérèrent, les larmes de joie s'échappèrent et les cent pas commencèrent en attendant le retour de ma fille. Lorsqu'enfin elle arriva et retourna l'appel de l'agence, nous nous sommes enlacées et nous avons donné libre cours à notre excitation.

Peu de temps après, nous foulions le sol colombien. Le voyage fut merveilleux et l'expérience, unique. Quel beau cadeau je m'étais offert. Je me sentais privilégiée de vivre de tels moments d'amour et j'étais ravie de connaître le pays d'origine de mes petits-enfants.

Cette fois, j'avais vécu d'encore plus près mon inlassable rêve d'adopter. J'avais reçu la nouvelle de la naissance de mon petit-fils et j'étais venue en Colombie le chercher. Je n'oublierai jamais le moment où je vis mon petit-fils pour la première fois, dans les bras de la directrice de l'orphelinat. Il était adorable avec ses grands yeux noirs. Comble de bonheur, j'eus droit à son premier sourire.

Un jour, une amie me demanda, à mi-voix, si j'aimais autant mes petits-enfants adoptés que mes petits-enfants biologiques. J'étais offusquée et peinée de sa question. J'aime inconditionnellement les enfants de ma fille, comme j'aime tout autant les enfants biologiques de mes autres enfants.

D'ailleurs, mon conjoint et moi sommes très liés à nos petits-enfants adoptés. Ils sont si mignons avec leur teint basané et leurs grands yeux noirs. Ils apportent une diversité et une richesse dans ma famille. Et ils sont si affectueux et attachants. Comment ne pas fondre de bonheur devant leurs petits bras tendus vers nous.

Grâce à eux, j'ai appris qu'il n'y a pas que les liens du sang qui comptent. Les liens du cœur sont aussi très forts. Et puis comme le disait le *petit Prince*, on ne voit bien qu'avec le cœur.

Huguette Perry
Une grand-maman comblée

Notre bonne étoile

O n dit parfois qu'il y a une bonne étoile pour chacun de nous. La nôtre existe bel et bien et sachez que nous l'avons suivie jusqu'en Chine!

Nous avions déjà deux belles filles biologiques, âgées de 10 et 12 ans, et nous ressentions le désir d'avoir un troisième enfant. Mais une nouvelle grossesse s'avérait risquée pour ma santé. Cet obstacle ne refoulait en rien mon désir d'être mère de nouveau. Il n'y a pas de bouton pour mettre hors-circuit un tel désir. C'est un appel du cœur et l'on n'y peut rien.

Nous avons alors bien sûr envisagé l'adoption internationale, d'autant plus que je rêvais d'une telle adoption depuis mon tout jeune âge. Cependant, les frais reliés à l'adoption à l'étranger sont élevés et nos revenus sont modestes. Candidement, mon mari me répétait souvent que lorsqu'il gagnerait à la loterie, nous irions adopter un bébé quelque part dans le monde.

Sept ans plus tard, en mars 1998, le miracle se produisit. Mon mari découvrit 3 *roues de fortune* sur un billet gagnant, ce qui lui valait une présence à la télé et surtout la chance de remporter un montant d'argent en tournant la fameuse roue de fortune.

Nous nous sommes donc rendus à la station de télévision, à Montréal, et mon mari y fit tourner la plus grande des roues. La roue s'arrêta sur une grosse étoile jaune, ce qui lui permettait de tourner une seconde roue. Cette fois, la roue s'arrêta sur un montant multiplié par 4. Que d'émotions! Nous étions fous de joie! Nous avions enfin l'argent nécessaire à la réalisation de notre projet d'adoption. Je n'arrivais pas à le croire.

De retour à la maison, nous avons consulté un atlas espérant y trouver un signe divin pour éclairer notre choix d'un pays. Le drapeau chinois attira notre attention. On y voyait une grosse étoile et quatre étoiles plus petites. La première roue ne s'était-elle pas arrêtée sur une grosse étoile? Et la seconde, ne nous avait-elle pas permis de multiplier notre montant par 4? Nous avions notre réponse.

Le lendemain, nous commencions les démarches. Tout au long de la préparation de notre dossier, les portes s'ouvraient. Je me souviens entre autre de la psychologue rencontrée pour l'enquête psycho-sociale requise. Elle portait un bracelet et des boucles d'oreilles parsemés d'étoiles. De plus, les autorités chinoises autorisaient depuis peu, sans aucune discrimination, l'adoption par des couples ayant des enfants biologiques.

Je ne sais pas de quelle constellation la chance venait à nous, mais le ciel nous favorisait continuellement. Chacune des étapes se franchissait avec facilité, si bien qu'en juillet 1998, notre dossier s'envolait pour la Chine. Il ne restait plus qu'à attendre.

Cette attente se compara à celles vécues lors de mes grossesses. Porter un enfant dans le ventre ou dans le cœur suscite les mêmes interrogations. Serons-nous de bons parents? L'enfant sera-t-il en bonne santé? Comment sera-t-elle? La différence se situe principalement au niveau des occasions de partager qui s'avèrent plus restreintes (car physiquement, rien n'indique que nous attendons un enfant!). De nouvelles interrogations s'ajoutent également. Est-elle en sécurité? Est-ce qu'on prend soin d'elle? Et bien sûr, nos regards sont constamment attirés vers ces autres petites filles asiatiques que nous croisons au fil des jours.

Le 18 décembre 1998, je reçus un cadeau promotionnel suite à ma commande postale de produits de beauté: un chandelier orné d'étoiles! Cette même journée, mon mari pensa si fort à notre future fille qu'il lui écrivit une belle lettre d'amour. Coïncidence, nous avons appris par la suite que cette journée particulière du 18 décembre correspondait à la date de l'examen médical de notre fille.

Enfin, le 16 mars 1999, mon mari fut contacté par l'agence. Il me téléphona aussitôt à mon travail pour me communiquer la bonne nouvelle. Nous étions les heureux parents de la petite Ma Jing Xi âgée de 23 mois. Elle résidait à Ma Anshan dans la province du Anhui. La photo nous parvint deux jours plus tard. Notre bébé, notre étoile. Comment décrire de telles émotions par des mots? Finalement, un seul et unanime *oui*, issu de 4 cœurs, résonna jusqu'en Chine. Ma Jing Xi, nos cœurs t'étaient grands ouverts.

Les préparatifs du départ commencèrent. Chaque jour qui se terminait nous rapprochait d'elle. Et le 9 mai 1999, nous nous séparions de nos filles pour la première fois (mes parents assumaient la relève) et nous nous envolions, mon mari et moi, vers notre petite étoile.

Un interprète nous accueillit à l'aéroport et nous guida. Il nous informa que nous nous rendrions dans la province du Anhui le 11 mai et que le lendemain, nous pourrions enfin tenir notre bébé dans nos bras.

Le 12 mai arriva! Nous nous sentions fébriles et nerveux en voyant arriver les bébés. Nous avons immédiatement repéré une petite fille aux yeux noirs, aux cheveux courts et à la bouche en forme de cœur. Oui, c'était bien elle, notre Ma Jing Xi. Je remarquai aussi que la directrice de l'orphelinat portait au cou une chaîne décorée d'une étoile. Un regard complice de mon mari me confirma qu'il l'avait lui aussi remarquée. Nous avions bel et bien suivi notre bonne étoile jusqu'en Chine.

Dans les bras de son escorte, Ma Jing Xi souriait, dansait et répétait les mots *papa* et *maman*. On nous la confia enfin et nous sommes remontés à notre chambre avec elle. Elle pleura un peu mais se consola et sourit à nouveau en voyant les photos de ses grandes sœurs du Québec. Elle découvrit aussi les quelques jeux que nous lui avions apportés. Quant à nous, nous épiions ses moindres gestes et observions tous ses traits. C'était la plus belle petite fille au monde. Un coup de fil au Québec nous permit de la décrire au reste de la famille et de partager nos émotions.

Le lendemain, nous eûmes le privilège de retourner à l'orphelinat où avait vécu Ma Jing Xi pour connaître l'environnement qui fut son univers sans nous. Une préposée de l'orphelinat, dévouée et chaleureuse, voulut l'enlacer mais Ma Jing Xi la repoussa et tendit les bras vers mon mari en disant *papa*.

– Elle m'a adopté! Dit-il les larmes aux yeux.

Quelques jours supplémentaires furent nécessaires pour que Ma Jing Xi m'adopte à mon tour. Il n'y a pas que les parents qui adoptent, les enfants aussi!

Nous avons choisi de la nommer Mathilde. Le 23 mai 1999, nous quittions la Chine, avec une tristesse au cœur. Ce pays, pourtant si différent du nôtre, nous avait conquis. Mais le retour et la réunion de la famille chassèrent toute mélancolie et firent place à la joie et à l'amour.

Parfois, le soir, il m'arrive de regarder vers le ciel étoilé et de remercier cette bonne étoile qui nous a guidés, comme les Rois Mages de l'histoire biblique, jusqu'à un enfant miracle.

Guylaine Maheu

Forcer la main du destin

J'ai toujours désiré avoir des enfants et je m'étais juré que j'en aurais avant l'âge de 40 ans. Toutefois, les années passaient sans que mon désir se réalise. Étant toujours célibataire à 38 ans, je me sentais très loin de mon rêve. La vie ne m'offrait pas les conditions nécessaires à la venue d'un enfant.

Jusqu'au jour où je vis à la télévision un reportage sur l'adoption par des femmes célibataires. S'il était possible à des femmes célibataires d'adopter, il le serait sans doute pour un homme célibataire. Il n'en fallait pas plus pour que je force le destin. Ma décision était prise: j'adopterais un enfant, peu importe le pays d'origine.

Après quelques recherches, j'entrai en contact avec une agence qui me proposa d'adopter un bébé en Chine. Je réunis tous les documents exigés et je complétai donc le dossier rapidement. J'avais tellement hâte d'être papa! On m'avisa alors que j'étais le premier homme célibataire à formuler une demande d'adoption à l'étranger. Qu'à cela ne tienne, j'étais déterminé à réaliser mon rêve.

Finalement, mon dossier fut expédié en Chine et il fut approuvé. J'attendais donc impatiemment une offre. Cette démarche était pour moi un grand bonheur. Et comme un bonheur n'arrive jamais seul, je fis la rencontre d'une femme adorable, Nathalie, avec qui je partageai rapidement mon toit.

Je lui fis part aussi de mon projet d'adoption en cours. À ma grande joie, elle trouva l'idée merveilleuse et m'encouragea à poursuivre, se sentant elle-même impliquée dans mon projet. J'avais forcé la main du destin pour avoir un enfant. Peut-être la vie compensait-elle en m'offrant une maman pour mon futur enfant?

Quoiqu'il en soit, peu de temps après, nous reçûmes la proposition d'une petite fille, prénommée Dong Xing, ce qui signifie *abricot*. Son teint pâle lui avait valu ce prénom. Évidemment, nous aurions aimé nous présenter comme un couple pour adopter Dong Xing. Mais il aurait alors fallu refaire le dossier et reprendre le processus. L'agence nous conseilla de présenter Nathalie comme ma cousine m'accompagnant pour ce long voyage. Nous avons opté pour cette solution et nous nous sommes envolés pour la Chine.

Le 18 mars 1998, à Changsha, dans un immeuble minable, chacun des couples avaient rendez-vous avec leur enfant respectif. Un premier bébé arriva et un responsable chinois cria le nom de l'enfant, suscitant la joie chez un couple. La même opération se répéta puis j'entendis le nom de ma petite fille. Elle était là, dans mes bras. Elle était belle et je ne voyais plus qu'elle. Et je me suis mis à pleurer. Je pleurai tellement que l'on dû me demander de cesser car je mouillais les documents que je remplissais afin de finaliser l'adoption. Évidemment, je jetai à plusieurs reprises un regard complice et rempli d'émotions à ma «cousine» Nathalie. Nous aurions souhaité vivre cette arrivée dans notre vie comme tous les autres couples, en partageant nos émotions, notre joie et notre amour. Mais lorsque la rencontre avec les autorités chinoises fut terminée, nous avons pu vivre comme une vraie famille, tous les autres couples étant informés de notre histoire. Pendant les dix jours passés en Chine, nous avons fait tourné la tête de bien des gens. Les chinois étaient très impressionnés de voir un papa si fier et portant sa petite fille dans un porte-bébé ventral!

Dès notre retour, nous souhaitions que Nathalie puisse à son tour adopter le plus rapidement possible notre petite fille chinoise dorénavant prénommée Milian, ce qui signifie *passion*. Comme nous avions déjà envisagé la possibilité de nous marier, cette avenue offrait la situation idéale pour faciliter l'adoption de Milian par Nathalie. Nous avons donc réservé une surprise aux membres de nos familles.

Le 25 juillet 1998, nous avions conviés nos familles au baptême de Milian. À leur arrivée à l'église, nous leur avons appris que nous nous marrions... le jour même, durant la même cérémonie! La journée se termina ensuite par une fête dans notre cour. Nathalie adopta par la suite légalement Milian.

En 1999, un autre bonheur rejaillit sur notre famille. Nathalie fut enceinte. Elle accoucha le 10 avril 2000 d'une adorable petite fille que nous avons prénommée Élise. En moins de 3 ans, j'étais passé de célibataire sans enfant à époux père de deux enfants! La vie nous réserve parfois de ces surprises!

À l'aube de mes 40 ans, mon rêve était réalisé. J'ai une conjointe merveilleuse et deux enfants que j'adore. J'ai enfin une famille, comme je l'ai toujours souhaité. Parfois, il m'arrive de me demander ce que ma vie aurait été si je n'avais pas osé forcé le destin un bon jour. Il est écrit: *Aide-toi et le ciel t'aidera*. À bien y penser, il y a peut-être bien un peu de vérité dans cette petite phrase.

Jacques Rousseau

Mes jumeaux, notre bonheur

J 'avais toujours rêvé d'avoir des jumeaux. Une grossesse, deux petits, la perfection quoi! Mais un jour, on m'apprit que nous n'aurions pas d'enfant, mon mari et moi. Croyez-le ou non, notre univers ne s'est pas écroulé à cette nouvelle. Qu'à cela ne tienne, nous irions les chercher au Guatémala, nos enfants à aimer!

C'est ainsi que débuta la succession de papiers à compiler, de demandes à compléter et de coups de fil à retourner. Puis enfin, un jour, on nous proposa un petit garçon de 5 semaines. Et comble de bonheur, ce jeune poupon avait un frère âgé de deux ans. On nous demanda si nous accepterions une fratrie. Et comment! Mes jumeaux étaient arrivés! J'y ai tout de suite vu une intervention divine. Et de un pour les miracles!

Après 7 mois d'attente, l'appel téléphonique tant espéré devint réalité. Tout était prêt. Nous pouvions nous envoler vers le Guatémala pour y cueillir nos deux enfants. Notre cœur avait cessé de battre. La folie nous prenait dans son tourbillon. Les pleurs, les rires, les émotions... Ce fut le branle-bas de combat. Maux de ventre, vertige et yeux rougis: y 'avait pas plus heureux que nous deux!

Trois jours plus tard, le merveilleux pays du Guatémala nous accueillait avec sa culture et ses habitants au sourire blanc et joyeux. Le lendemain de notre arrivée, après une nuit aussi courte que notre souffle affecté par l'altitude, on nous amenait nos enfants. Ceux-là même qui faisaient partie de notre vie depuis un an. Ceux-là même que nous aimions depuis si longtemps. Enfin, nous pouvions les serrer contre nous, les enlacer, respirer leur parfum et embrasser leurs belles grosses joues. Enfin, nous étions papa et maman. Une histoire d'amour!

Au retour, au moment de quitter le Guatémala, nous devions récupérer les passeports des enfants au bureau d'immigration. Ces passeports permettaient à nos enfants l'entrée aux États-Unis où nous devions absolument faire escale avant l'envolée vers le Canada. Sans ces passeports, nous ne pouvions tout simplement pas partir. À mon grand désespoir, des centaines de passeports, tous identiques, étaient empilés sur une immense table au bureau d'immigration du Guatémala. J'imaginai les heures qu'il faudrait au préposé pour retrouver les passeports de nos enfants. Allions-nous rater notre vol? Mais contre toute attente et à ma grande surprise, on nous remettait les passeports de nos enfants au bout de quelques minutes seulement. Et de deux pour les miracles!

On nous avisa cependant que nos passeports étaient incomplets et que nous serions considérés dans une classe à part à l'immigration américaine. Nos enfants devraient être escortés en tout temps jusqu'à l'avion pour le Canada. Après quelques heures de vol, nous atterrissions de peine et de misère à Miami, dans le tourbillon de l'ouragan Andrew qui causait bien des dégâts et occasionnait de nombreux retards.

Heureuse surprise! Puisque nous étions dans une classe à part et que nous devions être escortés, les agents américains nous évitèrent de longues heures d'attente et nous firent prendre un autre vol. Aucune attente et aucun retard malgré l'ouragan. Et de trois pour les miracles!

Et ce fut le merveilleux retour chez nous, avec nos enfants. Nous étions partis deux, nous sommes revenus quatre. Une famille! Une histoire d'amour, partagée avec nos parents et nos amis qui nous attendaient nombreux.

Six ans se sont écoulés depuis ce voyage. Les garçons ont 6 ans et 8 ans. Deux merveilleux enfants rieurs. Mes jumeaux. Notre bonheur!

Josée Dumont

Le courage de franchir la porte

*U*n soir de février 1993, nous atterrissions à Changsha, en Chine. Nous étions plusieurs couples venus adopter un enfant chinois. Nous devions passer la nuit dans un hôtel de Changsha et nous rendre en bus le lendemain matin à Yiyang où se trouvait l'orphelinat.

Surprise! À l'aéroport, on nous informa d'un changement au programme. Nous quittions le soir même Changsha en direction de Yiyang. Le temps de déposer nos valises à l'hôtel et de préparer les effets nécessaires pour accueillir notre bébé, nous étions tous repartis pour un trajet de 2 heures 30 vers l'orphelinat où nous finirions la nuit.

Avant de quitter l'hôtel, chacun des couples avait reçu la photo de leur bébé. Nous avons trouvé notre fille très mignonne.

À l'orphelinat, on nous accueillit dans la pénombre. Sans tarder, on nous invita à gravir quelques étages. On nous fit traverser un couloir qui me semblait bordé de chambres de bébés. Au bout de ce couloir, un petit escalier nous mena à une porte que l'on nous fit franchir. De l'autre côté de la porte, les chambres des couples étaient dispersées. On nous assigna la nôtre et on nous fit signe d'y entrer.

Le rendez-vous avec les enfants était prévu pour 8 heures le lendemain matin, dans la salle de réunion au premier étage.

L'humidité, le froid et la nervosité m'empêchaient de dormir. Je décidai de m'asseoir dans un des fauteuils de la chambre. J'y passai finalement les six heures suivantes, sans vraiment parvenir à m'endormir. Comment fermer l'œil en sachant que ma petite fille était quelque part dans l'orphelinat, à la fois si près et encore trop loin de moi. Je regardai mon mari qui dormait paisiblement et je demeurai dans la pénombre à attendre désespérément que la nuit passe.

À 6 heures, au petit matin, des coqs chantèrent à l'extérieur et quelques bébés se mirent à pleurer dans l'orphelinat. Malgré cette porte qui délimitait la section des bébés de celle des couples, je pouvais entendre clairement les pleurs des enfants. Je ressentais de la tendresse et de l'amour pour ces bébés. Une irrésistible envie de les prendre dans mes bras et de les consoler m'envahit soudain.

Je me retrouvai donc debout et hésitante devant cette porte qui séparait les deux couloirs. Nerveuse, la gorge nouée et le cœur serré, j'entendais toujours les pleurs et l'idée de franchir la porte me tenaillait.

Mais en avais-je le droit? Quelles seraient les réactions des nounous chinoises?

Tremblante, je suivis l'élan de mon cœur et je décidai de cogner timidement à la porte et de l'entrouvrir lentement. Deux nounous me regardaient. Je me pointai du doigt puis je pointai le bas de l'escalier. Elles acceptèrent ce premier pas. À la fois soulagée et nerveuse, je ne savais pas jusqu'où elles me permettraient d'aller. De nouveau, je me pointai puis je pointai la pièce sur ma gauche dans laquelle se trouvaient six berceaux et autant de bébés. À ma grande surprise, elles acceptèrent de nouveau. Je m'approchai du premier berceau. Le bébé pleurait. Je jetai un œil aux nounous en me pointant puis en pointant le bébé, tout en mimant de le bercer dans mes bras. Elles acceptèrent encore une fois et me tendirent le bébé.

Malheureusement, je le berçai à peine quelques secondes. Une nounou s'approcha et me retira le bébé en secouant négativement la tête. J'étais déçue et inquiète. Avais-je commis une faute à leurs yeux? Cela aurait-il des conséquences? Je me sentais un peu coupable d'avoir été si audacieuse.

C'est alors que la nounou me pointa et me fit signe de la suivre. Nous sommes entrées dans la chambre voisine où je découvris trois berceaux. Elle me pointa de nouveau puis pointa le berceau au milieu des deux autres. Elle ne cessait de parler mais je ne comprenais rien. Préférait-elle que je m'occupe de ce bébé au lieu de l'autre? Devant mon incompréhension, elle prit le bébé et me le tendit en pointant les pictogrammes chinois qui figuraient sur le berceau. Elle continuait à me pointer en répétant *Ho mienne, Ho mienne*. Était-elle en train de dire *Hou Mian* (le nom de ma fille)? Mon cœur cognait fort dans ma poitrine. À nouveau, la nounou me pointa puis pointa le bébé. Essayait-elle de m'expliquer qu'il s'agissait de mon bébé? Toujours par des signes, je m'assurai d'avoir bien interprété ses signes et ses explications. Invraisemblablement, je tenais bel et bien ma fille dans mes bras.

Je fondis en larmes. Ma gorge se noua de nouveau. Je retins mes sanglots du mieux que je le pouvais pour ne pas apeurer ma petite fille. Je la serrai contre mon cœur tandis que de grosses larmes de bonheur roulaient sur mes joues.

À cet instant, mon mari pénétra dans la pièce. En voyant la scène, il comprit aussitôt et nous enlaça toutes les deux tendrement. Mon mari et moi avons pleuré de bonheur en serrant notre fille contre notre cœur.

Quelle magie! Nous étions absolument étonnés. Comment la nounou avait-elle pu savoir qui j'étais?

On nous fit asseoir devant un feu de charbon pour donner le tout premier biberon à notre fille. Nous avons alors vécu des moments privilégiés d'amour et de douceur avec elle. Puis, nous avons remis notre bébé à la nounou et nous sommes retournés à notre chambre afin de nous préparer pour le rendez-vous officiel de 8 heures.

À 7 heures 55, nous sommes descendus à la salle de réunion. En attendant les bébés, je confiai aux autres couples ma petite escapade matinale et son heureux dénouement. Évidemment, les couples voulurent en faire autant et monter à l'étage des bébés. *Ho jie? Ho bing? Ho do?* On leur fit comprendre qu'ils devaient redescendre et attendre dans la salle de réunion. Finalement, les formalités furent complétées et chacun des couples accueillit son bébé. Je reconnus évidemment ma fille. Étonné, le traducteur me demanda si je l'avais vue auparavant. Je lui souris en repensant au moment magique et inattendu d'intimité et de bonheur que nous avions goûté avec notre fille ce matin-là.

Yannick Bouret

La magie du destin

*J*e dois à ma tendre mère Augustine la passion et l'amour des enfants. C'est elle qui, dès mon tout jeune âge, a fait naître en moi le désir intense d'avoir des enfants.

Après 10 ans de mariage, le miracle de la maternité ne se produisait toujours pas. Serge et moi désirions des enfants plus que tout. Il fut donc naturel pour nous, après les nombreux examens et quelques traitements infructueux, de nous tourner vers l'adoption internationale.

La Colombie nous attirait particulièrement, tant par la chaleur de ses habitants et la beauté du pays que par la langue très colorée que l'on y parle. Et après avoir rencontré de magnifiques enfants colombiens, aux grands yeux et au teint basané, notre décision était prise. Le charme de ces enfants nous avait conquis!

Après tant de larmes versées et de nombreuses années d'attente, Jessie, la plus adorable petite fille colombienne, entrait dans notre vie. Ce jour-là fut un véritable miracle pour Serge et moi. Notre petit bébé d'amour, à peine âgé de 2 mois, nous regardait tour à tour. Comme elle était belle avec ses grands yeux en forme d'amande et ses magnifiques cheveux noirs et ondulés. Nous avons pleuré de nouveau cette journée-là, mais de joie cette fois... Car notre enfant était blotti dans nos bras. Nous nous sommes sentis liés à elle pour toujours. Ce fut le plus beau jour de notre vie.

Les années passèrent et nous avions complété les démarches pour une seconde adoption. Notre deuxième petit trésor allait bientôt arriver parmi nous.

Comme pour l'adoption précédente, nous n'avions aucune préférence concernant le sexe du bébé, préférant laisser la vie conduire à nous l'enfant qu'elle nous destinait. Pour un garçon, nous avions choisi le prénom *Mathieu*, alors que pour une fille nous avions retenu *Claudia*.

Curieusement, comme les semaines passaient, un autre prénom de garçon me revenait à l'esprit régulièrement. *Miguel*... Ce joli prénom à consonance espagnole me trottait dans la tête et s'installait de plus en plus dans mon cœur, si bien que le prénom *Mathieu* devenait de moins en moins définitif.

Au printemps 1997, le téléphone sonna et l'heureuse nouvelle qu'on nous transmit nous combla de joie: nous étions parents d'un beau petit garçon colombien âgé d'un mois et demi.

Mais je n'étais pas au bout de mes émotions. Je failli m'évanouir lorsque je pris connaissance des documents relatifs au bébé et que j'y ai lu son prénom de naissance... MIGUEL! J'en était renversée. Je réalisais à quel point le lien d'amour qui nous unit à nos enfants est puissant.

Évidemment, il ne fut plus du tout question de le prénommer *Mathieu*. Notre fils porterait son prénom, celui qu'il m'avait soufflé au cœur avant même sa venue: *Miguel*.

C'est donc dans une ambiance de bonheur que nous nous sommes envolés, Serge, Jessie et moi, vers la Colombie pour y cueillir notre Miguel. Il était minuscule, ce qui le rendait encore plus mignon. De ses grands yeux couleur d'ébène, il nous regardait calmement alors que nous ne pouvions nous empêcher de verser des larmes de joie. Tout comme nous l'avions vécu pour Jessie, nous nous sentions liés à lui pour toujours.

En remontant les mois du calendrier, nous avions découvert que Miguel avait été conçu durant le mois où mon père décéda. Dieu avait accueilli mon père et nous avions accueilli un ange. Comme Serge avait lui aussi perdu son père cette même année, nous avons décidé que Miguel porterait aussi les prénoms de ses grands-papas au ciel, en leur mémoire.

De retour au Canada, j'appris que le couple qui nous suivait sur la liste de l'agence avait eu la proposition d'une petite fille. Curieusement, cette petite fille se prénommait *Claudia*, exactement le prénom que j'avais choisi pour une fille!

Décidément, la magie du destin est parfois surprenante. Les clins d'œil qu'elle nous lance nous confirment que les enfants que nous adoptons sont ceux qui nous étaient destinés depuis toujours.

Line Rodrigue

Elle nous était destinée

*L*orsque nous avons décidé d'adopter, en octobre 1993, nous avions choisi de le faire en République populaire de Chine. Mais à la première rencontre avec l'agence d'adoption, on nous informa que malheureusement la Chine était temporairement fermée à toute nouvelle adoption. De plus, on nous avisa que, compte tenu de la quantité de dossiers qui s'accumulaient, il fallait prévoir un minimum de deux ans d'attente avant d'avoir une réponse concrète. On nous suggérait même de nous diriger vers un autre pays. Après y avoir réfléchi, nous avons opté pour les Philippines.

En mai 1994, après six mois d'efforts, notre dossier était expédié aux Philippines. Nous étions dans les premiers couples à placer une demande d'adoption dans ce pays. Nous avions déjà une fille biologique de 12 ans. Elle, mon mari et moi attendions avec impatience des nouvelles des Philippines.

Quatre longs mois passèrent et finalement, à la fin de septembre, nous recevions une proposition. Après avoir étudié notre dossier très scrupuleusement, les autorités du pays avaient décidé de nous offrir une petite fille de 7 ans. Elles souhaitaient que la différence d'âge entre elle et notre fille ne soit pas trop grande. En fait, elles tenaient à ce qu'il n'y ait pas plus de 5 ans entre les deux sœurs. L'agence n'avait jamais été confrontée à une telle exigence suite à une demande d'adoption.

Nous nous étions habitués à l'idée de recommencer avec un jeune bébé et le fait de devoir apprivoiser une jeune fille qui parlait une autre langue que la nôtre et qui avait vécu plusieurs années dans son pays nous terrifiait et nous décevait. Nous avons consulté plusieurs intervenants afin de nous aider à démêler nos sentiments. Dire non ne permettait pas à cette grande fille de goûter au bonheur familial. Dire oui signifiait sacrifier nos rêves et nos espérances. La décision ne fut pas facile à prendre, mais nous avons finalement refusé l'offre des Philippines.

Pendant ce temps, la Chine avait recommencé l'adoption internationale. Notre agence nous promettait d'agir avec une attention particulière si nous recommencions un dossier pour la Chine. C'est ainsi que le 14 octobre 1994, nous entreprenions de nouvelles démarches en vue d'adopter une fille dont l'âge varierait entre 0 et 2 ans. Forts de notre expérience et ayant déjà certains documents en mains, notre dossier fut complété en moins d'un mois.

Contrairement aux Philippines, le jugement devait être donné avant l'adoption proprement dite. Le 24 novembre 1994, nous sommes passés devant un juge à Trois-Rivières.

À la fin de 1995, notre dossier fut transféré en Chine et le 2 mars suivant, nous recevions déjà la formidable réponse tant attendue. Une magnifique petite fille nommée Shao Ruyue, née le 23 novembre 1994, nous attendait. Nous nous sommes donc envolés le 5 mai et le 11, nous tenions dans nos bras notre adorable petite fleur de 5 mois. Le 22 mai, c'était au tour de la grande sœur de la prendre dans ses bras. La famille était enfin complète.

L'histoire vous semble sans doute banale à première vue. Mais nous avons volontairement négligé un détail impressionnant.

Lorsque ce fut le temps de nous présenter à la cour pour le jugement d'adoption, nous avons su le lundi qu'il fallait déposer la demande au plus tard le jeudi suivant, sinon il aurait fallu attendre les prochaines audiences à la mi-janvier. Nous aurions ainsi perdu 2 mois, ce qui ne nous intéressait guère. Lors de notre témoignage devant le juge, ce dernier se montra intéressé par l'adoption et nous posa de nombreuses questions. Une d'entre elles nous restera toujours en mémoire. Il voulait savoir l'âge du bébé que nous allions adopter. Nous lui avons répondu que ce serait un bébé entre 0 et 2 ans. Surpris, il ne comprenait pas que nous puissions adopter un enfant qui n'était pas encore né. Nous lui avons alors expliqué que notre fille était peut-être née la veille... Nous ne pensions jamais si bien dire. Naomie est effectivement née le 23 novembre et nous sommes passés à la cour le 24!

Aujourd'hui, après quelques années, il nous arrive de ressentir des regrets pour l'offre des Philippines que nous avons refusée. C'est le genre de décision qui change le cours de plusieurs vies: celle de la jeune fille de 7 ans, la nôtre, et celle de notre Naomie... Mais les évènements qui ont suivi cette douloureuse décision nous portent à croire que Shao Ruyue (Naomie) nous était vraiment destinée.

Marie-Claude Martin et Serge Loyer

Une famille pour la Saint-Valentin

S eule dans notre chambre, encore sous les couvertures malgré l'heure tardive de la journée, je parcourais du regard mon périmètre: les clématites de mon édredon, la dentelle des draperies, le rose pâle des murs, le bleu du ciel et son vent estival qui m'effleurait le visage... Tout était si magnifique. Pourtant, mon cœur était imprégné de tristesse et mes yeux se vidaient de leurs eaux tout autant que mon ventre, de son sang.

Depuis des mois et des lunes, le même scénario se répétait pour Sylvain et moi. Malgré les quelques symptômes physiques ressentis de la maternité et l'immense espoir de serrer un petit être dans nos bras, la vie ne nous avait pas encore fait ce cadeau. La perspective d'aller dans une clinique de fertilité m'avait bien traversée l'esprit, mais je me sentais trop fragile émotivement pour affronter l'échec possible. Finalement, le destin nous a conduits sur un sentier où s'ouvraient de nouveaux horizons, l'adoption internationale.

Pendant la longue année qui a précédé nos premières démarches, notre choix s'était arrêté sur l'adoption d'une petite fille. Marina, un prénom à consonance espagnole, fut celui que j'inscrivis dans le dossier préparatoire, malgré un vieux désir d'avoir une fillette nommée Catherine. À quelques semaines du but, CRAN, l'orphelinat colombien, a interrompu ses activités pendant plusieurs mois. Puis, peu à peu, les choses ont repris leur cours normal et le grand jour est enfin arrivé. Nous étions les heureux parents d'un poupon de trois semaines, Cindhy **Katheryn** Moya Santos. Je n'en croyais pas mes oreilles. Favorisée par le sort, on m'offrait malgré tout ma Catherine.

Dès les premiers instants de notre rencontre, ce fut le coup de foudre entre elle et nous. Ses regards profonds, ses sourires enjôleurs, ses petits gazouillis et ses pleurs inquiétants, tous ces précieux moments furent inoubliables et empreints d'enchantement. Après seulement deux jours de cohabitation, je pleurais déjà à chaudes larmes à la pensée de la remettre le lendemain aux bons soins de la maison d'adoption. À cette époque, nous devions nous rendre une première fois dans le pays et revenir le temps que le jugement soit rendu. Puis, nous retournions terminer le dossier. Mais entre les deux voyages, nous devions, bien malgré nous, nous séparer de notre enfant. Ce geste déchirant a sans aucun doute été celui le plus difficile à vivre dans tout le processus d'adoption. Quand pourrions-nous la revoir? Personne ne le savait.

Un interminable mois plus tard, un juge de la cour colombienne avait approuvé notre candidature en tant que parents adoptifs et nous pouvions enfin repartir vers notre petit cœur et son pays natal. Fortuitement, c'était la Saint-Valentin. Quel beau présent!

Avant nos retrouvailles avec la petite à CRAN, notre détour au Palais de justice fit monter en moi mes premières angoisses de la semaine. Les fonctionnaires avaient beau scruter les tablettes, les bureaux et même les poubelles, notre jugement d'adoption demeurait introuvable. Je m'efforçais de garder mon calme, mais je savais que sans cet important document, il nous serait impossible d'obtenir des visas canadien et américain ainsi qu'un passeport pour notre enfant. Finalement, après plus d'une heure de recherche et ce fameux papier légal en main, je tremblais encore de tout mon être à notre arrivée à l'orphelinat. Dès cet instant béni où la directrice a déposé dans mes bras une Marina souriante et belle comme le jour, j'ai retrouvé cette quiétude et cette joie intense ressenties au cours de notre première visite un mois plus tôt.

Ce deuxième voyage à Bogota fut assez périlleux. En plein cœur d'une guerre civile, nous devions malgré tout nous rendre dans les ambassades et les édifices gouvernementaux pour compléter les pièces d'identité de notre fille. Parfois, comme dans un film, nous nous retrouvions entourés de soldats armés de mitraillettes, revolvers, matraques et chiens en laisse. À d'autres moments, des bombes explosaient aux endroits où nous étions allés une heure plus tôt. Et j'en passe. L'estomac noué, soutenue par la présence de mon mari et de ma petite, j'ai suivi notre guide dans ces rues dangereuses et m'en suis remise à la grâce de Dieu.

Enfin, en possession de tous les documents officiels et empressés de quitter cet enfer, nous avons devancé notre vol de retour. Notre hôtesse latino-américaine avait veillé aux transferts, mais les surprises se sont succédées durant tout le trajet. Déjà, à notre entrée dans l'aéroport international de Bogota, elle nous informait que la compagnie d'aviation pouvait nous exiger 200 $ US de plus par personne. À part le bébé, nous étions trois adultes: une amie, Clémence, nous avait accompagnés. Donc, j'imaginais le montant de la facture. Néanmoins, par un heureux concours de circonstances, le système informatique était défectueux et comme le travail manuel supplémentaire retardait l'embarquement, je crois que les préposés à l'embarquement n'ont jamais remarqué la mauvaise date sur nos billets.

Au moment de quitter le sol d'Amérique du Sud, j'étais euphorique à l'idée de rentrer au bercail avec ma petite et paradoxalement, j'étais anxieuse à la pensée que mon frère Pierre avait peut-être rendu l'âme au cours des derniers jours. Avant mon départ pour la Colombie, je savais qu'après six ans de bataille, le cancer avait eu raison de son courage et de son grand désir de vivre. Aussi, j'avais pressenti que s'il succombait pendant mon périple, on me l'annoncerait seulement lorsque j'aurais mis pied à terre au Québec.

À Miami, après de multiples renvois et déplacements dans cet immense aéroport, on nous a signalé qu'il n'y avait pas de sièges pour nous sur le seul transporteur aérien qui pouvait nous ramener chez-nous ce jour-là. Abattue par cette nouvelle, épuisée par le stress vécu et mes huit livres perdues au cours des six jours précédents, c'en était trop. J'éclatai en sanglots devant la gentille dame qui essayait de s'excuser et de m'encourager. Puis Clémence m'a heurtée du coude et m'a chuchoté: «Continue, ça marche»! Étonnée par sa remarque, j'ai levé les yeux vers cette femme aux yeux larmoyants qui s'éloignait. À son retour, elle nous a priés de nous rendre promptement à l'aire d'embarquement; les chances étaient plutôt minces, mais... Tout en arpentant les longs couloirs de notre destinée, j'ai invoqué Pierre sans même savoir s'il était encore de ce monde ou pas. De son côté, Clémence implorait sa mère décédée un mois plus tôt.

Aux abords de l'avion, il y avait déjà plusieurs personnes en attente, comme nous. Marina pleurait dans les bras de son père, elle était affamée. Puis l'assignation des quelques places disponibles a commencé. Nous sentions que l'appel arrivait à son terme, quand soudain, nous fûmes interpellés. Malheureusement, deux banquettes seulement étaient disponibles. Nous devions abandonner Clémence. Les bras surchargés et le visage chagriné, j'essayais tant bien que mal, sous des centaines de regards interrogateurs, de rejoindre ma famille déjà loin dans l'allée quand tout à coup on a crié derrière moi: «Johanne, j'suis là»! Ils avaient trouvé un fauteuil oublié en première classe pour Clémence. Plusieurs passagers se sont mis à applaudir pendant que moi, une fois de plus, je pleurais toutes les larmes de mon corps, là, au beau milieu de cet appareil bondé de monde. Un inconnu m'a aidée à transporter mes bagages et des gens se sont déplacés pour nous permettre de nous asseoir ensemble.

Après notre atterrissage à Dorval, tard en soirée, Clémence a appris le décès de son père survenu quelques heures plus tôt.

Il était allé rejoindre son épouse dans l'au-delà quelques minutes avant que nous embarquions les derniers sur ce vol. Je ne pourrais dire s'il s'agissait d'une coïncidence ou si M. Gélinas y a vraiment joué un rôle, mais je sais que des personnes, qui pourtant étaient là bien avant nous, ont dû rester à Miami cette journée-là. Pierre s'est éteint trois semaines après notre retour. Il n'aura vu sa nièce que sur vidéo.

Deux ans plus tard, le 14 février, notre fils a aussi vu le jour à Bogota, capitale de la Colombie. Décidément, la Saint-Valentin était pour nous précurseur de bonnes nouvelles. Prénommé Marco en souvenir de mon frère aîné, qui portait aussi le nom de Marc, le sort m'a une fois de plus étonnée. Notre deuxième enfant s'appelait à la naissance: Andres Zapata Agudelo. Ainsi, on lui avait assigné le prénom d'un deuxième frère disparu, André. Comme pour sa grande sœur, nous avons fait inscrire son prénom colombien sur le certificat de baptême.

Le voyage, l'orphelinat et l'émerveillement de Marina face à son petit frère, mon bébé blotti contre moi, furent des instants merveilleux gravés à tout jamais dans ma mémoire. Comparable à notre première adoption, nous nous sommes immédiatement sentis responsables, protecteurs et amoureux de ce minuscule poupon au teint basané et aux yeux noirs comme l'ébène. Puisque nous sommes demeurés en Colombie tout le temps des procédures, je n'ai pas eu à abandonner mon trésor comme la première fois. De plus, à la pension où nous séjournions, Mme Trujillo, une femme très chaleureuse, s'occupait des formalités administratives et nous a fait visiter les principales attractions et richesses de sa ville.

Six semaines plus tard, très contente de rentrer à la maison avec les nôtres, j'ai pleuré comme une Madeleine à la vue des nombreux parents venus nous accueillir à Montréal.

Après chaque adoption, j'ai longtemps craint que tout ne fût qu'illusion et que j'allais me réveiller dans ce lit où tant de fois j'y avais épanché mes larmes. Avec le temps, j'ai appris à discerner le rêve de la réalité et ma béatitude n'en est que plus grande. Je sais que sans notre détermination et notre amour pour les enfants, Marina et Marco ne combleraient pas nos vies. Cependant, sans l'appui et la protection de nos proches et surtout des bénévoles de l'agence, jamais nous n'aurions pu envisager arriver au bonheur familial tant espéré.

Pendant toutes ces années d'attentes et de démarches, j'ai bien sûr porté mes petits dans ma tête et dans mon cœur, mais pas dans mon ventre; d'autres femmes l'ont fait pour moi. Chères inconnues, merci infiniment de m'avoir fait découvrir votre patrie et surtout d'avoir donné la vie. Vous auriez pu décider de garder vos enfants malgré des conditions extrêmement difficiles, mais vous avez choisi un avenir meilleur pour eux. Je ne pourrai jamais vous serrer dans mes bras et vous dire tout le bonheur que vous m'avez apporté; mais la Saint-Valentin me rappellera toujours que vous avez déjà posé un grand geste d'amour, vous m'avez offert le plus beau des cadeaux, une famille.

Johanne Lavoie

La petite annonce

L'adoption de nos enfants est une belle histoire d'amour qui grandit à chaque jour. Pourtant, elle avait débuté d'une façon tout à fait inusitée.

Par un beau dimanche matin du mois de janvier 2000, alors que nous profitions d'une matinée de détente, une petite annonce publiée dans le Journal de Québec capta notre attention. On y demandait une famille adoptive pour deux petits frères de nationalité haïtienne, âgés de 10 mois et de 2 ans et 10 mois.

Mon conjoint et moi avions déjà exprimé le désir profond d'adopter un enfant d'une autre nationalité. L'annonce venait d'enflammer ce désir. De belles images jaillissaient en nous à l'idée d'accueillir ces deux enfants dans notre famille. Ainsi naquit le plus beau projet de notre vie.

Nous avons accompli un travail colossal pour préparer notre dossier selon les exigences du pays. Un mois plus tard, notre dossier était acheminé en Haïti. Tous les gens merveilleux rencontrés au cours de nos démarches et tout le soutien apporté par le personnel de notre agence d'adoption nous ont permis de serrer dans nos bras nos deux petits amours, le 16 juin 2000, seulement 5 mois après avoir terminé notre dossier.

Ce sont des garçons avec une force de caractère peu commune et une détermination remarquable. Leur joie de vivre les rend attachants et attirants. Pas une journée ne passe sans qu'ils nous rappellent à quel point la vie est belle. La musique les rend joyeux et ils en raffolent. Ils ne peuvent s'empêcher de frapper des mains et de danser lorsqu'une mélodie se fait entendre. Leur capacité d'adaptation est également étonnante et l'apprentissage du français ne leur pose aucun problème. Ils démontrent aussi un bon sens de la sociabilité. Peu importe où nous sommes, ils se sentent à l'aise et n'hésitent pas à se mêler aux autres enfants.

Bien sûr, nous avons dû les aider au début à dépasser quelques craintes. La peur de la noirceur, la peur de manquer de nourriture et le refus d'être attachés dans leur siège d'auto. Mais en quelques semaines, par la sécurité que nous leur apportions et par notre amour, toutes ces craintes se sont dissipées.

Comme nous n'avions jamais eu d'enfants avant eux, vous imaginez à quel point ils ont transformé notre vie. Mais notre apprentissage à la vie de famille s'est fait rapidement et sans heurt. D'ailleurs, lorsque nous regardons les garçons sourire et s'émerveiller devant mille et une choses, nous ne voudrions pour rien au monde revenir à notre vie de couple sans enfant. Ces deux petits bouts d'amour nous comblent tellement de bonheur qu'ils nous incitent à entreprendre des démarches pour l'adoption d'une petite sœur haïtienne l'an prochain.

Parfois je repense à cette petite annonce toute simple mais qui a transformé la vie de deux adultes et de deux enfants. L'amour emprunte parfois de curieuses avenues pour nous conduire vers notre destinée.

Francine

Une petite fleur dans notre jardin

*D*écrire en quelques mots, en quelques lignes ou même en quelques pages les émotions et l'amour qui ont nourri notre projet d'adoption, se révèle impossible. Notre petite fleur chinoise, tant désirée avant sa venue et tant chérie depuis son arrivée, a mené nos cœurs par monts et par vaux tout au long de l'interminable attente. De l'espoir au doute, du rêve à l'incertitude, de la joie à la peur, nous fûmes ballottés d'un sentiment à l'autre, à une vitesse supersonique!

Depuis la naissance de notre fils, en 1985, nous souhaitions lui donner un petit frère ou une petite sœur. Il faut dire aussi que lui-même le demandait avec assiduité. Aussi, après dix années d'indécision et de rêves inassouvis, nous avons décidé de tenter une dernière chance du côté de la Chine.

Finalement, notre rêve devint réalité. En mars 1997, après douze mois d'attente fébrile et d'incertitude, nous entreprenions notre plus beau voyage, notre voyage d'amour vers notre petite fleur.

Après une préparation hâtive (nous avions été avisés seulement six jours avant le départ), tout s'est bousculé. Une tempête de neige nous a forcés à partir 24 heures plus tôt que prévu. À l'aéroport, notre départ pour Vancouver fut retardé en raison du verglas sur les pistes. Une fois là-bas, nouveau pépin: à l'hôtel, on ne retrouvait plus nos réservations. Après quelques pourparlers, la situation s'éclaircit. Les réservations avaient été enregistrées à mon nom et non à celui de mon mari. Enfin, nous pouvions nous reposer et dormir un peu. Heureusement, car la journée suivante fut pire!

La compagnie aérienne refusait de nous enregistrer sur le vol car nous n'avions pas nos passeports. Suite à la préparation hâtive de notre voyage, plusieurs documents avaient été réglés par le courrier, dont nos passeports. Ils étaient entre les mains d'une personne du groupe. Mais cette personne ne pouvait quitter la zone de sécurité. Après des discussions de part et d'autre, la compagnie accepta de vérifier nos passeports seulement avant l'embarquement. Il s'en fallut de peu pour que nous rations l'avion car l'appel des passagers se fit entendre dès que l'on eut rejoint le groupe.

Pour ajouter aux désagréments, une de nos valises se perdit au Japon (nous l'avons retrouvée à Shangaï heureusement). Et pour compléter le tout, on procéda à une investigation minutieuse, très minutieuse, sur ma petite personne à la douane chinoise. En effet, j'étais «fichée» *chinoise* dans l'ordinateur du bureau de la douane. Curieusement, une chinoise, émigrée maintenant, portait le même nom que moi, d'où les recherches intensives à mon arrivée et les vérifications méticuleuses de mes documents. Finalement, j'eus plus de peur que de mal et tout rentra dans l'ordre. Désormais, notre vrai voyage en sol chinois commençait, celui de l'amour.

Durant l'année d'attente, avant notre voyage, je m'étais imprégnée de l'histoire et de la culture chinoise. J'en étais venue à connaître ce pays mieux que le mien. Tout m'intéressait, depuis les proverbes chinois jusqu'à leurs inventions. Je voulais tout savoir sur ce peuple qui me donnait le privilège d'être de nouveau maman. Peut-être était-ce une façon de créer un lien avec ma fille avant même qu'elle n'arrive dans ma vie? Quoiqu'il en soit, je me suis immédiatement sentie très à l'aise parmi ce peuple noble et travaillant.

Notre escale à Shangaï nous a procuré un moment merveilleux. Nous avons pu voir et sentir des fleurs de magnolia. C'était une chance inespérée car ces fleurs n'éclosent qu'une fois l'an et leur floraison ne dure que 24 heures. Les fleurs étaient au rendez-vous et elles parsemaient notre route jusqu'à notre fille. Je porte le nom d'une fleur (Jacinthe), notre guide se prénommait Flora et le nom chinois de notre fille, Xufen, signifie «lieu de fleurs très parfumées». Ces petites coïncidences nous étonnèrent car nous disions toujours, en parlant de l'adoption de notre fille, que la Chine nous permettait de cueillir une fleur dans son jardin. Nous ne pensions pas si bien dire.

C'est à Nanchang qu'avait lieu le rendez-vous pour accueillir nos enfants. Tous les couples attendaient nerveusement et surveillaient les allées et venues dans la rue. Finalement, un bus apportant les bébés se pointa et tous les couples se précipitèrent vers le corridor malgré l'avertissement formel d'attendre dans nos chambres.

À l'annonce du nom de sa fille, papa se précipita à bras ouverts pour accueillir sa petite fleur d'un an à peine. Nous l'avons aimée instantanément.

Au fil des jours, notre petite fleur se révéla être un bébé renfermé. Elle ne buvait pas et ne mangeait pas non plus. Mon mari réussissait à faire sourire tous les enfants du groupe, sauf sa fille. Ce n'est qu'au sixième jour qu'il lui décrocha un sourire. Quant à moi, je lui prodiguai tant de caresses et de tendresse que ma petite fleur décida finalement de s'abreuver et de continuer à se battre pour vivre. Je n'oublierai jamais cet instant magique qui nous a unis pour la vie.

Le retour à la maison pour nous et la découverte du Québec pour notre fille furent des moments de pur bonheur.

Tout cet amour que nous avons semé rejaillit maintenant sur nous et notre famille. À travers le quotidien de notre fille,

nous avons découvert un monde merveilleux où l'amour occupe une place de choix.

Peu à peu, notre petite fleur s'est enracinée dans son nouveau milieu. Maintenant âgée de 4 ans, elle n'a cessé d'éclore
jour après jour, transformant notre vie en un merveilleux
jardin.

Jacinthe Gagné

Le Bon Dieu a un grand cœur!

Nous ne pouvions retenir nos larmes en apercevant nos enfants âgés de 3 ans, 8 ans et 9 ans, courir vers nous, dans le couloir d'un orphelinat de Cali en Colombie, et se jeter dans nos bras en criant en espagnol: «papa! maman!». Quel grand bonheur après tant d'années d'attente. Mais jusqu'à cette journée, la route n'a pas toujours été facile.

C'est en 1993, après 6 ans de mariage et de multiples essais infructueux d'enfanter, que nous nous sommes tournés vers l'adoption internationale. En consultant la liste des pays ouverts à l'adoption, la Colombie retint notre attention. Non seulement les autorités colombiennes acceptaient-elles une demande pour une fratrie, mais le séjour qu'elles exigeaient nous convenait parfaitement. Je suis producteur agricole et je ne puis me permettre de m'absenter longtemps.

Assisté de l'agence d'adoption, nous avons donc complété notre dossier et l'avons fait parvenir aux services sociaux colombiens (ICBF). Les mois se sont succédés sans recevoir aucune nouvelle, ni même un accusé de réception de notre dossier. Après un an d'attente, nous décidions, de concert avec l'agence, de refaire notre dossier au complet et de le représenter aux services sociaux colombiens. De toute évidence, notre dossier précédent était perdu. L'ICBF ne retrouvait même plus notre demande.

Nous fûmes soulagés de recevoir cette fois-ci un accusé de réception et un numéro de dossier.

Quelques mois plus tard, on nous informa que notre dossier était incomplet. Le certificat de bonne conduite de Maryse, délivré par la Gendarmerie Royale du Canada (GRC), n'apparaissait nulle part dans notre dossier. Nous sommes donc retournés au bureau de la GRC afin d'y obtenir un nouveau certificat que nous avons expédié sans tarder en Colombie. Quelques mois s'écoulèrent et les services sociaux de la Colombie nous avisèrent qu'ils avaient de nouveau perdu le certificat de bonne conduite de Maryse! Un troisième document fut produit et expédié.

Une autre année passa sans nouvelle.

Au printemps 1997, l'agence québécoise nous proposa de transférer notre dossier à un autre orphelinat avec lequel un contact venait d'être établi. Nous avons accepté.

Finalement, en juillct 1997, on nous proposa deux fratries. L'une se composait de deux garçons et une fille, alors que l'autre était formée de trois filles. Comme je devais m'absenter pour trois jours, Maryse et moi avons convenu d'y réfléchir chacun de notre côté et de décider ensemble par la suite. À mon retour, nous avions tous les deux opté pour la fratrie de deux garçons et une fille. Notre décision fut donc facile à prendre.

L'agence nous confirma leur prénom: Alonso, l'aîné âgé de 9 ans, Neftali âgé de 8 ans et la cadette Mayerlin âgée de 3 ans. La demande des dossiers des enfants avait aussi été placée auprès de l'orphelinat.

Début septembre, l'agence reçut le dossier médical des enfants qui nous confirmait qu'ils étaient en excellente santé. Toutefois, nous n'avions pas encore reçu l'historique des enfants. Ce dossier avait été égaré (un de plus!) au cours de son transfert. Une deuxième copie fut préparée et expédiée au Québec. Le 22 octobre 1997, l'agence le recevait et nous remettait toutes les informations qu'il contenait en plus des photos des enfants. Nous avons alors communiqué par télécopie notre acceptation officielle de la fratrie.

Nous devions nous envoler pour la Colombie deux à trois semaines plus tard. Mais un nouveau pépin (nous n'étions pas à un problème près) se présenta et nous retarda. Une grève des juges colombiens sévissait à travers le pays. Nous avons donc dû attendre que l'orphelinat nous confirme la fin de la grève avant de partir pour Cali le 15 janvier 1998.

Enfin, après plus de 4 ans et demi d'attente, nous étions enfin parents. Notre bonheur était indescriptible lorsque nous avons accueilli nos enfants dans nos bras.

Le voyage se déroula sans problème, mais fut parsemé d'anecdotes cocasses. Je me souviens notamment d'une préposée qui nous avisait que les nouveaux certificats de naissance des enfants ne pouvaient pas être délivrés avant une semaine, ce qui nous apparaissait inconcevable et nous retardait considérablement. Après plus d'une demi-heure de discussion et d'argumentation, elle accepta à la condition qu'on lui donne *quelque chose*. Nous nous sommes regardés Maryse et moi, nous attendant à une demande monétaire importante. Nous lui avons alors demandé ce qu'elle voulait en échange de l'accélération de nos documents. «Une salade de fruits», répondit-elle simplement! Le lendemain, nous retournions au bureau des registres civils, une salade de fruits à la main, et nous y avons récupéré les certificats de naissance sans problème.

Notre séjour en terre colombienne dura un mois. Nous sommes revenus au Canada le 7 février 1998. Les enfants furent émerveillés par la neige et amusés de la buée que causait leur respiration dans le froid. Ils vivaient tout un changement. Partis le matin sous une température de 36 degrés Celsius, ils se retrouvaient le soir même sous une température de − 20 dégrés.

Leur adaptation s'est très bien déroulée. Ils se sont rapidement intégrés à leur nouvel environnement et après quelques semaines, ils parlaient français couramment. Ils se sont aussi rapidement habitués à la tendresse et aux caresses. Ils sont très affectueux. Ils nous embrassent avant de partir pour l'école. Graduellement, ils nous ont confié des séquences douloureuses de leur passé: les malheurs qu'ils avaient vécus, les parents qui les obligeaient à mendier et finalement leur abandon. Ils n'avaient eu aucun jouet avant leur venue au Canada. Ils prennent un soin excessif des jouets qu'ils reçoivent. Les camions des garçons sont encore rangés dans leur emballage d'origine. Ils apprécient énormément les cadeaux qu'ils reçoivent, la chance d'avoir une famille et la possibilité de manger à leur faim (et même un peu plus!).

Une fois l'adaptation réussie, la vie poursuivit son cours paisiblement. La vie de famille nous procurait beaucoup de bonheur. Malgré tout, un an après notre retour de la Colombie, notre rêve n'était pas entièrement comblé. Nous avions toujours souhaité avoir un bébé en bas âge et nous le désirions encore tout autant. Maryse particulièrement caressait ce rêve depuis toujours. Mais comme nos moyens financiers ne nous permettaient pas de réaliser ce projet, nous l'avions abandonné avec regret.

Arriva l'été 1999 et avec lui les *démutualisations* de certaines compagnies d'assurances. À ma grande surprise, l'une de ces compagnies me remit un montant d'argent appréciable et inattendu suite à ces *démutualisations*. Une lumière s'alluma aussitôt en moi lorsque je m'aperçus que ce montant correspondait exactement au total des coûts d'une adoption. J'allai retrouver Maryse et lui tendit la lettre.

— Tu as toujours partagé mes rêves, lui dis-je, aujourd'hui je tiens à partager le tien.

Ai-je besoin de vous dire que les larmes lui montèrent aux yeux lorsqu'elle découvrit la somme que nous recevrions et qu'elle réalisa que son rêve était désormais possible.

La journée même, Maryse communiqua avec l'agence. Notre demande concernait une petite fille en bas âge. Un petit orphelinat à Bogota permettait de telles adoptions. Notre demande leur fut transmise.

Quelques jours avant Noël 1999, l'agence nous avisait que nous étions en tête sur la liste et que notre dossier devait être prêt. Quel beau cadeau de Noël! Le 22 janvier 2000, notre dossier était remis à la directrice de l'orphelinat et une semaine plus tard, nous recevions la proposition et la photo de notre poupon. La photo avait été prise alors qu'elle n'avait que 4 jours. Elle se prénommait Karen Lorena et nous avons décidé qu'elle garderait ce nom. Nous considérions que la mère biologique avait laissé deux choses en héritage à cette enfant: la vie et son nom. Et nous voulions respecter cela, comme nous l'avions fait pour nos autres enfants.

C'est ainsi que 6 mois à peine après notre inscription, le 23 février 2000, nous nous envolions de nouveau vers la Colombie. Le 25 au matin, nous tenions dans nos bras notre petite fille âgée de seulement deux mois. Notre voyage se déroula à merveille. Le 22 mars, nous étions de retour au Québec. Nos trois autres enfants nous attendaient avec impatience et ils furent ravis de l'arrivée de leur petite sœur.

La vie a repris de nouveau son cours normal. Mais cette fois, notre rêve est entièrement comblé. Un soir, alors que nous roulions en voiture, Alonso, Neftali et Mayerlin observaient le ciel étoilé.

– Il y a des étoiles dans le ciel, remarqua Neftali.

– Le Bon Dieu aussi est dans le ciel, ajouta Alonso. Et il a un grand cœur. Il nous a donné un papa et une maman.

Ému, je ne pus m'empêcher de penser.

«Oui, mes enfants, Dieu a un grand cœur. À vous, il a donné des parents et à nous, il a confié quatre merveilleux enfants.»

Paul-André Michaud
Maryse Morneau

Une nuit merveilleuse

L e 23 août 1999, Michel et moi avions l'immense bonheur d'accueillir notre petite Huang Yanglan, âgée de 9 mois, et connue maintenant sous le nom de Rosalie. Elle est née en Chine, dans la province de Hubei.

Dès qu'on nous la confia, Rosalie refusa sa mère et n'accepta que son père. Que ce soit pour la faire manger, pour la promener ou pour l'endormir, il était hors de question que j'intervienne. Rosalie refusait toutes mes interventions: l'habiller, la déshabiller et changer sa couche. Chaque geste quotidien était infernal.

Le soir, confortablement blottie contre son père, Rosalie cherchait maman et pleurait dès qu'elle me voyait. J'ai dû me résigner à me réfugier dans la salle de bain et attendre que ma petite puce s'endorme.

Le miracle se produisit au cours de la quatrième nuit. Ce soir-là, j'avais décidé de dormir tout juste à côté du berceau de Rosalie, question de me sentir près d'elle et pouvoir la regarder sans qu'elle pleure. Mais durant la nuit, elle se réveilla. Doucement, je me suis penchée sur elle. Évidemment, elle se mit à pleurer en me voyant. Je la pris dans mes bras et la couchai entre mon mari et moi. Rosalie se blottit sans hésiter contre son père et cessa de pleurer. Elle se retourna vers moi et se mit de nouveau à pleurer. Elle refit ce manège par deux fois. J'eus l'idée de fermer les yeux et de simuler le sommeil. Quand Rosalie se retourna une autre fois, elle me regarda sans pleurer. Après quelques instants, elle se blottit de nouveau contre son père. Elle se retourna vers moi et m'observa un moment. Elle revint encore vers son père au bout d'un instant, mais se retourna vers moi et tâta doucement mon menton. Mon cœur ne fit qu'un bond! Quelle joie! Quel bonheur! Enfin, ma fille se rapprochait de moi. Soudain, elle cessa et recula vers papa. Zut! Mais immédiatement elle revint vers moi et recommença à toucher mon menton. Puis elle me caressa la joue tout en me regardant intensément. À ma grande surprise, elle se blottit contre moi et se rendormit. Mon Dieu! C'était un miracle! Elle venait de m'adopter à mon tour! Je retins difficilement mes larmes afin de ne pas briser le charme du moment.

Ce fut une nuit merveilleuse dont je me souviendrai toute ma vie. Rosalie dormit blottie contre moi jusqu'au matin. Bien que je n'avais pas fermé l'œil de la nuit, j'étais dans une forme splendide au lever.

À partir de cette nuit-là, notre relation changea radicalement. J'étais enfin devenue sa maman. Parfois, en adoptant, il faut avoir la sagesse et la délicatesse d'attendre que notre enfant nous ouvre les bras. La récompense est alors grandiose.

Lyne Boisvert

Une famille non traditionnelle

*E*n 1995, après plusieurs années d'infertilité, mon conjoint et moi décidions d'entreprendre des démarches pour adopter un enfant. Le processus débuta par une réunion d'information, se poursuivit par notre mariage et se compléta par la préparation de notre dossier qui fut finalement expédié en Chine au mois de novembre 1995.

Par bonheur, notre attente fut de courte durée. Deux mois plus tard, nous recevions la proposition d'une petite fille nommée Hong Dan (Sabrina) âgée de 2 mois seulement. Le 13 mai 1996, jour de notre 1er anniversaire de mariage et de la fête des Mères, nous tenions enfin notre fille dans nos bras. La vie ne pouvait nous offrir un plus beau cadeau.

À peine revenus au Canada, nous décidions de donner une petite sœur à notre fille. Nous avons donc complété toutes les démarches et en septembre 1997, notre nouveau dossier était expédié en Chine.

Toutefois, une surprise nous attendait. En janvier 1998, nous apprenions que j'étais enceinte.

Sans hésiter, nous avons décidé de ne pas annuler notre deuxième demande d'adoption. Cette enfant, nous la portions dans notre cœur depuis des mois et nous la désirions toujours. L'enfant que je portais dans mon ventre ne pouvait pas effacer celle que je portais dans mon cœur. Ces deux petits êtres étaient déjà nos enfants, comme s'ils étaient des jumeaux.

En juin 1998, la Chine nous proposait une petite fille nommée Shoo Fan (Alexa). Le départ était prévu le 29 août 1998 et la date du retour était fixée au 12 septembre. Comme la date prévue de mon accouchement était le 15 septembre, je ne pouvais pas partir pour la Chine. Ce fut une pénible épreuve. Je ne serais pas la première à la prendre dans mes bras et à lui dire que je l'aime. Mon mari s'envola pour la Chine, accompagné de sa sœur, le 29 août comme il était convenu.

De mon côté, la nature se moqua de notre prévision dans les dates et précipita les évènements. J'accouchai d'une petite fille (Laurence) le 10 septembre, j'obtins mon congé de l'hôpital et j'accueillis mon mari à Dorval le 12, accompagnée de nos filles.

Les retrouvailles furent très émouvantes. Il me présenta notre nouvelle petite fille chinoise que je serrai bien fort sur mon cœur et je lui tendis notre minuscule bébé qu'il prit tendrement dans ses bras.

Nous nous retrouvions avec trois merveilleuses petites filles, une de 3 ans, une de 8 mois et la dernière âgée de quelques jours seulement. Notre famille serait ainsi complète. Enfin... C'est ce que nous avons cru!

Suite à mon accouchement difficile, les médecins ne me conseillaient pas une nouvelle grossesse. Les risques étaient trop élevés. Aussi avions-nous convenu de procéder à la ligature des trompes. Malgré toutes les précautions nécessaires, je me retrouvai de nouveau enceinte, deux semaines avant la ligature de mes trompes. Je l'avoue, ce fut un choc. La vie nous fait parfois de ces surprises!

J'ai finalement accouché d'une quatrième fille (Marjorie) en décembre 1999.

Aujourd'hui, nous sommes très fiers de notre famille. Elle est différente, elle fait tourner bien des têtes, mais c'est la nôtre. Nous avons désormais quatre filles à aimer. Nous ne regrettons aucunement d'avoir adopté à deux reprises. Ces enfants étaient nos espoirs et nos miracles. Nous les avons désirées et aimées avant même de les tenir dans nos bras. Et au fond, n'est-ce pas la même chose pour les enfants biologiques?

Martine Blanchard

Histoire de berceaux, histoire d'amour

*E*xiste-t-il des liens encore plus puissants que ceux qui nous lient par les liens du sang? Je crois que oui. Et je crois aussi que l'histoire d'Anne-Sophie et de Justine, deux petites amies venues du même pays et du même orphelinat, n'est certainement pas unique.

L'histoire commença quand deux couples chanceux se rendirent à Changsha, en République populaire Chine, le 17 juillet 1995, pour y faire la rencontre de leurs filles adoptives âgées de 18 et de 21 mois. En voyant débarquer ces individus aux longs nez qui leur tendaient les bras, les fillettes furent d'abord effrayées. Un concerto de cris dans tous les octaves résonna à travers l'édifice.

Tout rentra dans l'ordre pour Justine après un court moment mais Anne-Sophie continua de pleurer et de se refermer sur elle-même refusant tout contact. Ses parents furent inquiets et se sentirent un peu désemparés seuls dans leur chambre d'hôtel. Tout à coup, on cogna à la porte. En ouvrant, Justine apparut et s'approcha d'Anne-Sophie. Miracle! Les larmes et les cris cessèrent comme par enchantement. Après plusieurs heures de détresse profonde, Anne-Sophie offrit enfin à ses parents le plus beau des cadeaux: un large sourire dirigé vers celle avec qui elle avait probablement partagé les premiers mois de sa vie. Les fillettes se mirent aussitôt à jouer ensemble comme si la vie continuait son cours normal, tout en échangeant des sourires complices et attendrissants. Les parents ont vite détecté l'attachement profond qui les liait l'une à l'autre. Ils constatèrent qu'il ne fallait plus tenter de séparer les deux amies.

La destinée étant ce qu'elle est, Anne-Sophie vit à Thetford-Mines tandis que Justine habite la Rive-sud de Montréal. Justine a eu un petit frère l'année suivante tandis qu'Anne-Sophie a eu une petite sœur cinq ans plus tard, soit en mars 2000. Anne-Sophie avoua qu'elle voulait avoir une petite sœur seulement si elle ressemblait à Justine!

Au fil des mois et des années, les parents se rendirent compte que la complicité entre ces deux enfants s'était transformée en un amour inconditionnel. Elles ont des amies et des cousines qu'elles aiment, mais rien n'égale l'amitié qu'elles se portent.

Pourtant, leur personnalité est aux antipodes. Anne-Sophie est inquiète, émotive et leader. Alors que Justine est sûre d'elle-même, bonne vivante et influençable. Elles se voient et se parlent le plus souvent possible. Tous les étés, comme un rituel, Justine passe une dizaine de jours au chalet des parents d'Anne-Sophie. À son retour, Justine rapporte avec elle une vidéocassette renfermant les plus beaux moments de ses vacances à Thetford-Mines.

Les filles ont aujourd'hui 7 ans. Nous nous demandons parfois si l'attachement qu'Anne-Sophie porte à Justine est dû au fait que cette dernière est le point de référence tangible la reliant à ses origines. Le temps nous dira si cet amour réciproque a des racines profondes ou est une simple question d'affinités.

Marie-Josée Lanciault

Notre petite impératrice

*J*e me souviens comme si c'était hier d'un certain samedi de septembre 1997. En entrant dans le centre commercial de notre région, nous avions croisé une adorable petite fille d'origine chinoise.

– Nous devrions partir pour la Chine et y adopter une petite impératrice, me dit tout bonnement mon amoureux!

Je le regardai un instant, quelque peu étonnée.

– Attention, lui répondis-je, je peux te prendre aux mots!

Et c'est ainsi que le lundi suivant, je contactais une agence d'adoption et que j'enclenchais les démarches. Pourtant, nous n'avions jamais discuté de la possibilité d'avoir un enfant auparavant. Nous vivions ensemble depuis 12 ans et toutes ces années partagées nous donnaient l'assurance que nous serions heureux en fondant une famille. Nous ne ressentions nullement le besoin d'y réfléchir longuement, ni d'analyser la situation.

Le 18 octobre 1997, nous nous sommes mariés. Ce fut un moment d'amour et de tendresse entre nous, mais aussi envers Catherine, notre petite impératrice que nous ne connaissions pourtant pas encore. Mais elle était déjà si présente dans notre vie.

Le 28 février 1998, nous sommes allés magasiner pour Catherine. Nous lui avons acheté sa première poupée. Durant toute cette journée, nous avons parlé d'elle, imaginant sa douceur et sa chaleur. Et le soir venu, j'avais complété son petit journal intime (comme je le faisais régulièrement). J'inscrivis entre autre l'achat de sa première poupée, en notant la date. Plus tard, en consultant les documents officiels, je constatai avec étonnement que cette journée du 28 février était celle où Catherine fut trouvée, au lendemain de sa naissance.

Au mois d'août 98, nous étions prêts pour la grande aventure. Nous savions que nous étions parmi les prochains couples à recevoir une proposition. Toutefois, une mauvaise nouvelle nous désola. Le 19 août en soirée, une personne de l'agence nous téléphona pour nous informer que de fortes pluies s'abattaient sur la Chine, causant des inondations terribles. Il fallait s'attendre à des retards importants pour les prochaines propositions. Cette nouvelle fut pénible à accueillir. Une peine intense et une peur folle m'ont alors envahie.

Heureusement, après seulement une semaine d'attente, le soleil revint dans notre vie. Le 26 août, l'agence nous proposait une toute petite fille, notre impératrice, notre Catherine. Deux jours plus tard, nous recevions sa photo.

Je croyais que l'arrivée de la photo serait un moment d'excitation et de joie. Mais ce fut l'inverse. La savoir si loin et si peu choyée avait décuplé mon inquiétude. Un immense besoin de protection s'était installé en moi.

Par bonheur, tout s'est déroulé à une vitesse vertigineuse, de sorte que nous quittions le Québec le 17 octobre 1998 et fêtions notre anniversaire de mariage dans l'avion en direction de Hong-Kong! Nous sommes finalement arrivés à Guangzhou le lundi, en avant-midi. On nous remit immédiatement une nouvelle photo de Catherine qui apparaissait nettement plus resplendissante. Nous n'en pouvions plus d'attendre.

Notre guide nous annonça que les bébés seraient avec nous à Zhan Jiang en fin d'après-midi. «Enfin», me dis-je, soulagée. «Déjà», s'objectèrent quelques parents fatigués et brusqués. Il est vrai que nos bagages n'étaient même pas encore arrivés, que nous débarquions à peine d'un interminable vol et que la fatigue se lisait sur les visages. Mais nous avons essayé de motiver les parents inquiets et de leur transmettre notre impatience à accueillir notre bébé.

Et cet instant arriva enfin. Dans un motel de Zhan Jiang, en fin d'après-midi, notre impératrice nous était confiée pour toujours. Nous avons alors savouré nos premiers moments d'amour avec notre douce Catherine. Nous étions si heureux. Je n'aurais jamais imaginé des moments plus tendres que ceux-là. Je tenais dans mes bras ma petite fille âgée de 7 mois et demi et pesant à peine 9 livres. Et l'instant où elle se retourna, me regarda et me sourit, est à jamais gravé dans mon cœur.

Le voyage se déroula dans l'amour et le bonheur. Je me souviendrai longtemps des deux premières nuits à ses côtés. Je n'avais pas dormi, écoulant les heures à admirer ma petite impératrice que j'avais tant attendue et espérée. Ces nuits-là, je formulai le souhait le plus sincère et le plus profond de ma vie: voir Catherine grandir et s'épanouir dans l'amour et le bonheur.

Nathalie Desrosiers

Dieu n'est jamais en retard

J'ai grandi, entourée d'amour, dans une famille où «la visite» était la bienvenue et où la porte était toujours ouverte. De plus, mon père s'empressait toujours de nous inscrire volontaires pour recevoir des gens de partout et de toutes les origines. Que ce soit de jeunes chanteurs d'une chorale, de cadets de l'air, de joueurs de hockey de passage pour un tournoi à Trois-Rivières, notre famille accueillait toujours quelques-uns d'entre eux. Mes parents nous ont aussi fait beaucoup voyager: vacances familiales, échanges étudiants, etc. Cela nous a donné une ouverture incroyable sur le monde. Et déjà toute petite, j'étais fascinée par les histoires d'adoption que je lisais ou que j'entendais raconter. Entre autres, l'histoire d'adoption de mon cousin Michel dont ma mère nous faisait le récit. De plus, dans le quartier où j'ai grandi, mes amies étaient deux sœurs qui avaient été adoptées ici au Québec. Je les trouvais tellement chanceuses d'avoir été choisies...

Après plusieurs années de mariage et face à la difficulté d'avoir des enfants, mon conjoint et moi, nous nous sommes tournés spontanément vers l'adoption internationale. C'est une décision que nous avons prise sans aucune hésitation, car pour nous deux, le désir d'avoir des enfants était très fort. Je me permets de vous raconter une anecdote: nous discutions avec un couple d'amis inscrits, pour leur part, à l'adoption québécoise en même temps que nous, en mars 1979. Ils nous demandaient si nous nous sentions vraiment prêts à aimer et à élever des enfants étrangers. Je leur avais répondu que nous désirions simplement un enfant: sa couleur et son origine ne nous dérangeaient absolument pas. Tant qu'à moi, il pouvait être vert avec des étoiles rouges ou bleu avec des points jaunes...

Après quatre longues années d'attente, et après avoir cogné à plusieurs portes, c'est finalement Soleil des Nations qui nous a dirigé vers la Bolivie. En avril 1983, nous avons reçu le téléphone tant attendu: notre dossier était accepté et on nous laisserait choisir un enfant à l'orphelinat. Marc, mon conjoint, était très stressé: il se demandait comment on pouvait choisir un enfant. «Ce n'est tout de même pas une voiture: rouge ou bleue, deux portes ou quatre portes...» Mais moi, je lui répétais que si notre dossier avait été accepté, c'est qu'il y avait un enfant là pour nous, j'en étais tellement assurée. Dix jours plus tard, nous partions pour Cochabamba, y rencontrer le père Guy Brault (padre Guido). Dès notre première visite à l'orphelinat, nous sommes tombés tous les deux en amour avec le même bébé, Philippe. De sa petite main, il m'a caressée la joue et m'a touchée droit au cœur... Nous étions enfin parents! Durant notre séjour d'un mois, Philippe a fait une forte varicelle.

– Es-tu heureuse, chérie? Me demanda Marc. Toi qui voulais un enfant de n'importe quelle couleur, tu en as un beau brun avec des points rouges.

Oui, j'étais heureuse et je trouvais que mon bébé était le plus beau des bébés du monde, même avec ses points rouges.

Dès notre retour de Bolivie, nous nous sommes réinscrits pour une deuxième adoption. Puis, je me suis aperçue que j'étais enceinte. Nous étions tellement heureux! Huit ans de mariage sans enfant et puis tout à coup, deux durant la même année...

Malheureusement, ce deuxième fils ne devait vivre que deux semaines et nous laisser complètement anéantis. Celui qui nous a donné la force de continuer à ce moment-là, c'est Philippe. Les pères Oblats nous disaient toujours qu'on lui avait sauvé la vie en l'adoptant. Mais là, c'était à son tour de sauver la nôtre.

Après quelques années d'attente douloureuse, notre tour d'adopter est enfin revenu. Comme nous avions déjà expédié un dossier au Costa Rica avant même l'adoption de Philippe, nous avons tenté de le réactiver. Un organisme venait de voir le jour et s'occupait de l'adoption au Honduras et au Costa Rica. Nous sommes allés rencontrer les responsables à Sherbrooke. Elles semblaient avoir de nombreux contacts mais nous étions sceptiques. De plus, elles exigeaient des honoraires assez élevés. Pourtant, quelques mois plus tard, elles nous revenaient avec une offre «officieuse» d'une fratrie de 2 et 4 ans. Nous devions voyager dans les six semaines suivantes pour finaliser l'adoption. Nous étions très contents. Mais après quatre mois et des nouvelles se faisant de plus en plus rares, les doutes se sont installés. Marc s'est alors adressé au Secrétariat de l'Adoption Internationale (SAI), pour faire la lumière sur cette situation. Trois jours plus tard, on nous confirmait que cette offre ne se concrétiserait jamais. Ces enfants étaient les deux plus jeunes d'une famille de six que le pays ne voulait pas désunir. Devant ce constat, nous avons confronté les responsables et nous leur avons demandé de mettre terme à cette démarche. Cette aventure nous avait causé bien des peines et coûté plutôt cher.

Notre dossier fut transféré à la fin de mai au couple de bénévoles pour la Colombie, Anne et Paul. Dès la deuxième semaine de juin, nous les rencontrions chez eux à St-Jean-sur-Richelieu. Quelle chaleur à ce contact! Et quelle merveilleuse nouvelle: notre dossier serait le prochain à être acheminé à CRAN. Un bébé pouvait nous être proposé d'une semaine à l'autre. L'espoir renaissait. Mais Paul nous a prévenus qu'une mère biologique songeait à reprendre son enfant et qu'on pouvait peut-être passer au deuxième rang. Nous trouvions cela absolument normal et, de toute façon, nous approchions du but.

La semaine suivante, Paul nous confirmait que nous étions les deuxièmes. À la fin de juillet, nous devions retrouver notre première position. Mais, quand il nous a rappelés, c'était pour nous apprendre le décès subit du bébé d'un autre couple qui nous précédait. J'ai eu énormément de sympathie pour ce couple que nous ne connaissions pas encore, mais qui allait devenir plus tard nos bons amis. Nous étions désormais au troisième rang.

En août, les bonnes nouvelles ont recommencé à nous arriver: une offre pour un couple, donc le deuxième rang pour nous. Puis, en septembre, une autre offre et de nouveau le premier rang pour nous. Un soir, dans un demi-sommeil, j'entrevis un entrefilet de journal annonçant l'arrivée dans notre famille d'une fille, Josiane. La date était floue (avec un chiffre 3), mais il s'agissait de décembre. Ce rêve prémonitoire me sembla de bon augure. J'en parlai avec Paul, qui s'inquiétait un peu de mes espoirs: une fille arrivant en décembre! Finalement le 7 octobre, un appel d'Anne me fit pleurer, mais de joie cette fois: une petite fille de 3 semaines nous était jumelée. C'était notre petite Josiane. Anne reçut sa photo vendredi le 17 octobre. Elle m'appela pour me l'annoncer, tout en regrettant de ne pouvoir me l'expédier pour le lendemain, le jour de ma fête. Qu'à cela ne tienne, je communiquai avec mon beau-frère Jean, qui habite la région de Montréal et qui devait venir à Trois-Rivières le lendemain. Je lui demandai si il lui était possible de nous apporter cette précieuse photo. Jean accepta de grand cœur. Et c'est ainsi que je reçus le plus beau cadeau de fête de ma vie: la photo de ma fille!

Début décembre, Paul s'informa à l'orphelinat de la possibilité de finaliser cette adoption avant la fermeture des tribunaux pour les Fêtes. Il se fit répondre que, malheureusement, ce serait impossible. Nous étions déçus, mais je dis à Paul que je réussirais sûrement à me rendre en janvier...

Puis, le lundi 22 décembre, Marc reçut un appel téléphonique. J'ai cru comprendre qu'il parlait avec Paul de notre petite Josiane. Il me fit signe de prendre l'autre récepteur. Mais, j'en étais incapable. Mes jambes ne me portaient plus. J'étais certaine qu'il s'agissait d'une mauvaise nouvelle, car les tribunaux étaient fermés depuis vendredi le 19. Marc, voyant mon émoi, me rassura en s'écriant: «On peut aller chercher Josiane». Je retrouvai tout à coup assez d'énergie pour courir jusqu'au téléphone. Et Paul me répèta patiemment que Madame Lleras avait réussi à faire signer le dossier *in extremis* par le juge.

Paul demanda la confirmation de l'émission du visa à l'ambassade canadienne à Bogota. Il reçut la réponse mardi matin, le 23. Il était trop tard pour voyager avant Noël, mais il fut convenu que nous pourrions nous rendre en Colombie le dimanche suivant.

C'est ainsi que le jour de notre douzième anniversaire de mariage, nous prenions l'avion pour aller rencontrer notre petite fille. On me la déposa dans les bras le lundi, 29 décembre, trois ans, jour pour jour, après le décès de Marc-André. Nous pleurions de joie: je l'embrassai et la caressai doucement, mais elle dormait profondément. Marc la prit à son tour et lui dit: «Réveille-toi, papa est arrivé». Elle ouvrit les yeux et lui fit le plus adorable sourire qui soit. Son papa en fut ému aux larmes. Et nous comprenions pourquoi il y avait eu tellement de faits et d'événements qui avaient retardé cette adoption. C'est elle que nous attendions, que nous devions adopter...

Après deux courtes journées pour finaliser le visa et visiter un peu, nous reprenions l'avion, le 31. Nous sommes arrivés à Montréal, en soirée. En entrant chez nous, à Trois-Rivières, à 23h45, notre famille nous attendait pour nous souhaiter: Bonne Année!

Peu de temps après l'arrivée de Josianne, nous nous réinscrivions pour une troisième adoption. En septembre 1990, Madame Lleras m'appela pour nous faire l'offre d'un merveilleux petit bébé de 9 jours. Ce sera notre Jérôme.

Le temps de nous organiser et nous partions pour la Colombie rencontrer notre petit bébé. Quand on nous remit Jérôme, notre beau gros toutou de 7 semaines, nous pleurions de bonheur: je réalisai que la troisième adoption est chargée des mêmes émotions que les autres. On se familiarise avec les formalités, le niveau de stress diminue par la connaissance des gens et du pays, mais les émotions sont aussi intenses. Marc et moi y avons séjourné du 5 au 12 novembre. La procédure de l'époque exigeait que les couples retournent dans leur pays après une première présence en Colombie. L'attente du jugement d'adoption à être rendu par les juges colombiens se vivait donc à la maison, loin de notre bébé. Au moment de repartir en y laissant Jérôme, je pleurais tellement. Je le quittais en ne sachant vraiment pas quand je le reverrais: dans quatre ou cinq semaines avec de la chance ou dans huit ou dix semaines, après la réouverture des tribunaux. Mon petit bébé aura tellement changé... C'est ce que j'ai vécu de plus difficile en adoption! C'est pire que l'angoisse de l'attente et que le stress des formalités... Flor, notre dévouée personne-ressource à Bogota, était découragée de me voir si triste. Elle essaya de me réconforter en me disant que le petit serait bien et ne se rendrait pas tellement compte de mon absence, mais rien n'y faisait.

J'arrivai à l'aéroport avec une mine plutôt sombre. J'enfilai mes lunettes soleil et je passai à travers les innombrables formalités. Nous nous installâmes dans l'avion pour apprendre qu'il y avait un retard. L'agente de bord circulait pour nous en informer et en me voyant la mine aussi basse, elle s'empressa de m'offrir un café. En parlant avec Marc, elle m'en versa dans ma tasse et sur le pied... Les larmes me vinrent aux yeux. L'agente se confondit en excuses, mais Marc la rassura: «Ne vous en faites pas, ça va juste lui changer le mal de place». On ne s'ennuie pas avec lui.

Après quelques longues semaines d'attente et au moment où mon moral était au plus bas, Madame Lleras me téléphona le lundi 3 décembre vers 10 heures, pour me dire que je devais me rendre de toute urgence en Colombie. Je lui annonçai fièrement que j'avais justement des réservations pour le samedi suivant. Elle me dit que ce serait trop tard. Elle voulait que je sois à Bogota le mercredi matin. Je lui répondis que je ferais l'impossible pour y être. Je raccrochai toute excitée et là, je réalisai que pour y être le mercredi, je devais voyager mardi, le lendemain.

Je dus me débrouiller seule car Marc était en route pour une réunion à Montréal. Étant donné que les deux conjoints n'étaient pas obligés de retourner en Colombie, nous avions décidé que j'irais seule. Toutefois, ma mère m'avait offert de m'accompagner pour m'aider tout autant que pour découvrir le pays de ses petits-enfants. Sa sœur Yolande, qui est comme ma grande sœur, voulait aussi venir. On se faisait une joie de voyager ensemble, mais avec si peu de préavis, qu'en penseraient-elles?

Je m'empressai de leur téléphoner en leur disant bien de ne pas se sentir obligées, étant donné les circonstances. À ma grande joie, elles acceptèrent avec enthousiasme de relever ce beau défi. Je m'occupai donc des réservations d'avion, elles s'occupèrent de passer à leur banque, de boucler leurs valises et de me rejoindre à St-Augustin en fin d'après-midi.

De mon côté, je contactai l'agence de voyages qui fit des merveilles en si peu de temps. J'avisai mes voisines qui avaient chacune la garde des enfants le jour. Je fis dîner les enfants puis je reconduisis Philippe à l'école et Josiane à la pré-maternelle. Je courus à la banque, à l'agence de voyages, à la pharmacie, etc. Je passai prendre le courrier: il y avait une lettre de Claudio (Père Claude Falardeau) qui nous avait aussi aidé lors de notre adoption en Bolivie. Je ne pouvais pas m'arrêter, je la lirais plus tard. Puis, je rentrai faire ma valise; celle de Jérôme était déjà prête. Je retournai chercher les enfants: Josiane avait fait un dessin adorable qui exprimait toute la joie qu'elle ressentait à la venue de son petit frère: elle y avait mis six soleils! Je mis le repas en branle tout en aidant Philippe à faire ses devoirs. Puis, ma mère et ma tante arrivèrent. Après tant d'agitation, s'asseoir pour manger était très agréable. Mais je n'étais pas rendue au bout de cette journée mémorable. Mon beau-frère me téléphona pour me dire que la météo annonçait une tempête de neige, tempête qui était déjà commencée dans la région de Montréal. Marc tardait à rentrer et je comprenais pourquoi. Il prit d'ailleurs cinq heures et demie à en revenir. Nous avons écouté les médias, inquiets, puis nous nous sommes couchés en nous disant que nous ne pouvions pas faire plus que cela.

Avant de m'endormir, je pris le temps de lire la lettre de Père Claude. Il vint m'inspirer par une très belle phrase qui m'a soutenue tout au long de ce voyage. Il nous racontait qu'il était sérieusement malade et qu'il s'inquiètait pour la poursuite de son œuvre. Il avait remis son sort entre les mains de Dieu, en se disant que Dieu sait ce qu'Il fait: «God is never late!» nous confia-t-il (Dieu n'est jamais en retard!). Comme il avait raison, il faut avoir confiance. Je me couchai donc le cœur moins serré.

Nous nous sommes levés à 4h30 et je me précipitai à la fenêtre: il était tombé une vingtaine de centimètres de neige dans la nuit, mais ça semblait se calmer. Nous devions pelleter pour sortir de la maison et se rendre au taxi, mais au moins nous pouvions partir.

Naturellement, rendues à l'aéroport, on nous parla de délais et de vols annulés. On nous plaça sur l'avion précédent, lequel, suite aux délais, partit sensiblement à l'heure prévue. Nous y arriverions, j'en étais confiante. Mais l'envolée s'éternisa à cause du verglas sur Montréal. Nous avons survolé Dorval cinq fois avant d'atterrir. Nous étions finalement en retard... Il ne nous restait que dix minutes pour attraper le vol suivant vers Miami. Je courus dans l'aéroport en ayant pris soin d'avertir ma mère et ma tante de me rejoindre, à leur rythme, au guichet d'Air Canada. Heureusement, ce transporteur connaissait aussi des ennuis et le vol était retardé d'une heure: juste ce qu'il nous fallait. *God is never late.*

Bien installées dans le second avion, nous nous dirigions vers l'aire de déglaçage, à la file indienne. Notre tour vint enfin et nous prenions la direction des pistes de décollage. Je calculais constamment le temps qu'il nous resterait à Miami: jusque là, ça pouvait aller. Alors que nous n'étions plus qu'à un rang ou deux du départ, on nous retourna au déglaçage et là, le moral baissa. Finalement, nous avons décollé à 12h30, heure prévue d'arrivée à Miami. Mais comme notre dernière envolée était à 4h30, je me disais que ce serait encore réalisable avec des conditions favorables. La première chose que le pilote nous annonça fut, qu'en raison de vents défavorables, l'envolée serait d'environ quatre heures. Ce fut la panique: je me confiai à l'agent de bord. Il s'empressa d'aviser Miami que l'avion avait beaucoup de retard et transportait de nombreux passagers qui devaient effectuer un transfert.

L'avion atterrit finalement à Miami à 4h15. Même directive à ma mère et à ma tante: rendez-vous au comptoir Avianca. Je fonçai dans l'aéroport. Je me présentai au comptoir de la compagnie pour me faire dire que l'avion était déjà en piste et qu'il n'y avait plus rien à faire. Je plaidai ma cause avec tant d'ardeur que l'employée tenta de nous reloger sur le dernier vol d'American Airlines de 5h15. Nous avons pris les dernières places. Nous ne serions pas assises ensemble, mais j'étais heureuse du résultat final: je serais à Bogota ce soir!

Mes compagnes de voyage me rejoignirent au moment où on m'indiquait comment tenter de rattraper nos valises. Donc, c'était un nouveau départ en direction d'American Airlines pour mes compagnes et une nouvelle course pour moi. Négociations au comptoir des valises d'Avianca où on m'assura qu'on ferait le maximum pour les acheminer à temps au terminal d'American Airlines.

Toujours en courant (c'est un grand aéroport), je me rendis au comptoir d'American Airlines où j'arrivai juste à temps pour l'embarquement. Le temps de passer un coup de fil à Flor pour l'avertir du changement et nous prenions le dernier avion de la journée. *God is never late.*

Nous pouvions enfin relaxer: l'avion était retardé de 30 minutes sur la piste, je m'en fichais, je serais à Bogota ce soir. Un passager était malade, on s'informa s'il y avait un médecin à bord et on l'installa sous une tente à oxygène dans la rangée près de moi: pas de problèmes, en autant qu'on ne rebrousse pas chemin. L'avion se posa finalement à Santafé de Bogota à 8h45. Naturellement, nos valises n'avaient pas suivi, mais c'était secondaire...

Le lendemain, je m'empressai de compléter les formalités urgentes d'adoption: jugement, notaire etc. Après quelques coups de téléphones aux compagnies aériennes, on m'assura que nos valises arriveraient sur le vol du soir. Pas de problèmes car je devais aller chercher mon petit Jérôme le lendemain matin, vers 10 heures. J'aurais donc tout ce qu'il faut pour lui. Mais, ce soir-là, à l'aéroport, pas de valises. Je pensai tristement que je n'aurais rien pour accueillir mon bébé. Je me disais que cette fois-ci, Dieu était un peu en retard, mais qu'il ne fallait pas trop lui en demander. En me levant le lendemain matin, Flor m'annonça toute joyeuse qu'une personne avait appelé pour m'avertir que nos valises étaient à l'aéroport: on les avait placé dans une salle à part, vu qu'elles voyageaient sans passagers... Je m'étais trompée: Dieu n'était pas en retard. Nous sommes reparties à la course vers l'aéroport. Ma mère, à la blague, me dit de demander en espagnol à Flor s'il y avait suffisamment d'essence, parce que la panne d'essence était à peu près la seule chose que nous n'avions pas encore vécu durant ce voyage. Je traduisis tout ceci à Flor et nous avons ri de bon cœur. Deux minutes plus tard, nous devions nous arrêter, car l'auto avait une crevaison... Ça non plus, nous ne l'avions pas encore eue. Mais nous avons récupé finalement tout ce qu'il fallait pour recevoir dignement mon beau trésor.

Je retrouvai mon petit avec beaucoup d'émotions et, lui, au simple son de ma voix, il se tourna vers moi et se mit à rire. Maman soutint qu'il m'avait reconnue...

Après avoir accompli toutes les formalités sans difficultés et relancé l'économie de la Colombie en ce qui concerne ma mère et ma tante (un peu de magasinage, quoi!), nous revenions au Québec le 11 décembre. Embrassades et retrouvailles, le cœur était dans l'ambiance de la fête de Noël maintenant que notre beau cadeau était arrivé.

Tard ce soir-là, après avoir endormi nos trois beaux enfants, Marc et moi savourions cet instant qui marquait la fin d'une époque: onze ans d'attente et d'espoirs afin de se former une famille!

Francine Pérusse Alarie

Persévérance

Notre histoire familiale est pour nous la plus simple mais aussi la plus belle qui soit. On pourrait l'intituler «persévérance».

Précisons tout d'abord que nous avons eu le bonheur d'avoir trois beaux enfants biologiques: Mia, Emmanuel et Jean-Pascal. Mais nous rêvions d'avoir quatre enfants. Nous envisagions même d'en avoir six, ce qui aurait été pour nous le nombre idéal. Nous les désirions tant ces enfants, mais d'une grossesse à l'autre, ce désir se changeait souvent en déception. Il fallu faire preuve de beaucoup de persévérance puisque huit tentatives furent nécessaires pour connaître la joie d'être parents de ces trois trésors. La dernière grossesse de Vivianne fut déterminante et nous prépara à ce que nous allions vivre par la suite. Nous étions alors une famille unie: papa, maman, trois merveilleux enfants et cinq petits anges dans le ciel.

Il ne nous en fallait pas plus pour entreprendre l'une des plus extraordinaires grossesses que l'on puisse imaginer: une grossesse en adoption internationale! Une grossesse sans le gros ventre que l'on peut palper et sans contrôle sur sa durée. Mais il nous appartenait de choisir le pays où débuterait cette belle et grande aventure. Il était clair pour nous que ce pays serait la Chine et que cette fois-ci, ce serait papa qui accoucherait!

Nous avons donc entrepris nos démarches d'adoption en août 1996 et notre dossier fut complété en novembre de la même année. Nous avons reçu une proposition de la Chine en novembre 1997 et en février 1998, papa fit le voyage mémorable pour aller cueillir une petite perle de Hunan, qui se prénommait alors Chen Yu Ting. Pendant que se déroulait ce périple en Chine, maman et les trois enfants vivaient beaucoup d'émotions à la maison. Je téléphonais à tous les jours pour donner des nouvelles de Magalie Chen (c'est son nouveau prénom), pour la décrire le mieux possible et pour raconter tout ce que l'on vivait ensemble au cours de ce merveilleux voyage au bout du monde. J'avais tellement hâte de revenir en terre saguenéenne et présenter ce petit trésor à tout un groupe de parents et d'amis qui l'attendaient fébrilement. L'arrivée fut très émouvante. Dès que j'aperçus mon épouse, je lui remis notre nouvel enfant dans les bras. Les mots nous manquent pour décrire l'intensité du moment.

Puis, nous avons entrepris une autre démarche d'adoption en Chine. Nous avions choisi le prénom Anne que l'on jumellerait à son prénom chinois. La veille d'un départ pour Québec où nous allions assister au spectacle du Cirque du Soleil, *Dralion*, nous avons reçu la proposition de la petite *An* Qiu Ju, qui signifie *fleur d'automne*. Quel nom prédestiné! Je suis allé chercher Anne Ju en septembre 1999, dans la province chinoise d'Anhui. En quelque sorte, elle est venue équilibrer la dynamique familiale. Elle est merveilleuse et charmante avec ses fossettes et son sourire enjôleur. L'adaptation s'est très bien déroulée.

Notre famille compte dorénavant 7 membres. Autant vous dire que nous ne passons pas incognito. La joie d'être les parents d'une famille constituée d'enfants biologiques et d'enfants adoptés, est extraordinaire. Notre vie est merveilleuse et magique. Nous avons une relation d'amour, les uns envers les autres, inconditionnelle, mystérieuse et difficile à exprimer. Le fait d'accueillir et d'ouvrir son cœur à des enfants qui nous étaient jusqu'alors inconnus, constitue peut-être une forme de communion avec leurs mères de sang. Quoiqu'il en soit, cette expérience a donné un sens à la vie de tous les membres de la famille et a confirmé notre croyance dans les valeurs et les mérites de la vie familiale.

Merci à la vie!

La famille Boudreault-Laberge

Le cœur n'a pas d'âge

*E*n 1996, notre famille se composait déjà de quatre filles biologiques, âgées entre 13 et 22 ans, et d'un garçon d'origine haïtienne, âgé de 19 ans. Même si nous étions tous les deux âgés de 47 ans, mon mari et moi avons décidé d'adopter de nouveau après avoir voyagé et avoir été témoins de la misère des enfants de certains pays.

Nous avons donc préparé notre dossier et l'avons remis à l'agence pour une adoption en Haïti. Au mois de juin 1997, on nous proposa deux petits garçons âgés de 5 et 13 mois. Nous avons accepté avec joie cette proposition et les bébés sont arrivés à l'aéroport six semaines plus tard.

Dès leur arrivée, on nous conseilla de jeter tous les vêtements qu'ils portaient pour des raisons d'hygiène. Quelle tristesse de constater, après les avoir déshabillés, l'état pitoyable de ces enfants. Leurs membres semblaient déshydratés et leur ventre était enflé. Ils souffraient de parasites, ils avaient des abcès et ils étaient atteints de la gale. Évidemment, ils étaient tous les deux sous-alimentés. Âgé de 7 mois, Antoine pesait à peine 10 livres et demie, alors que Jacob, âgé de 15 mois, pesait tout juste 15 livres. Ils étaient si faibles qu'ils n'arrivaient même plus à pleurer.

Devant cette misère, toute la famille était peinée.

– Maintenant, je sais pourquoi tu m'as adopté, dit notre fils Guy à son père, en tenant un de ses petits frères dans ses bras.

Mais l'amour fait des miracles. À peine deux jours après leur arrivée, nos bébés ont commencé à pleurer, ce qui, paradoxalement, a fait la joie de toute la famille. Ils allaient mieux, c'était évident. Ils nous ont même fait de beaux sourires entre leurs pleurs.

Avec les bons soins et l'amour de toute la famille, nos bébés renaissaient comme par magie. Bientôt, ils se mirent à courir, à s'épanouir et à parler comme s'ils étaient nés ici. Avec le temps, ils sont devenus deux beaux garçons en pleine santé, sans aucune séquelle de leur début de vie difficile.

L'arrivée de ces deux bébés a transformé nos autres enfants. Ils ont cessé leurs petites querelles habituelles au sujet des vêtements empruntés par l'un ou par l'autre. Ils ont compris l'importance de l'amour et du partage.

Au printemps 1999, toute la famille était d'accord pour accueillir un ou deux nouveaux membres. Finalement, nous avons fait la demande pour une petite fille.

Durant la même période, l'une de mes filles était enceinte. Nous attendions toutes les deux un bébé! La complicité entre nous était merveilleuse. Nous vivions notre maternité ensemble. Nous nous demandions souvent lequel des bébés arriverait en premier.

Au mois de juillet 1999, on nous proposa une petite fille de trois semaines, mais par malheur, elle était si malade qu'elle ne pouvait entrer au Canada. Notre déception fut soulagée par une nouvelle proposition, quelques semaines plus tard. Nous étions parents d'une petite fille de 3 semaines. Ce beau petit rayon de soleil arriva chez-nous en février 2000. Alors âgée de 5 mois, elle était resplendissante et en bonne santé. Maëlle est notre huitième enfant et elle comble de joie toute la famille.

Pour ajouter à tout ce bonheur, ma fille accoucha quelques temps après d'un merveilleux petit garçon qu'elle prénomma Jérémy. Durant la même année, nous étions devenus parents une nouvelle fois et grands-parents pour la première fois. Nous avons baptisé les trésors durant la même cérémonie. Inutile de vous dire que ce fut une journée mémorable et rehaussée d'une fête émouvante.

La complicité avec ma fille est toujours aussi présente. Notre relation est merveilleuse. Nos enfants ont à peine 8 mois de différence. Nous passons beaucoup de temps ensemble. Nous magasinons pour les enfants et nous échangeons sur les poussées dentaires, sur la croissance et sur tous les autres sujets qui concernent les parents de jeunes enfants. Nous avons la chance rarissime de vivre la maternité en même temps. Quel bonheur!

Souvent, des amis nous questionnent et ne comprennent pas nos choix de vie. «À votre âge, à la retraite en plus, vous pourriez penser à vous deux, partir l'hiver en Floride, profiter de la vie...». Ce refrain, nous l'entendons souvent.

Mais la vie, avec plusieurs enfants à la maison, je peux vous assurer que nous en profitons. Lorsque nos jeunes enfants viennent nous rejoindre dans le lit au petit matin, croyez-moi, cela vaut bien tout le soleil de la Floride et d'ailleurs. Comme nous avons le temps de vivre, tout est prétexte à des effusions de rires et à des jeux. Nous ne sommes plus préoccupés par le travail et nous sommes libérés de plusieurs contraintes.

Nous sommes aujourd'hui âgés de 49 ans. Nous considérons que l'adoption de nos enfants est le plus beau cadeau de retraite que nous pouvions nous offrir. Notre expérience de parents d'enfants biologiques et d'enfants adoptés nous permet d'affirmer que peu importe sa provenance, un enfant demeure un enfant et il vient dans notre vie parce que notre désir et notre amour l'ont attiré.

Notre famille est la plus grande de nos richesses... Et si on y ajoutait un autre petit trésor? (rires)

Mariette Marchand

Partagez vos expériences

Vous avez adopté? Vous avez vécu des moments inoubliables ou des expériences étonnantes lors de cette adoption? Votre histoire comporte des coïncidences surprenantes? Alors n'hésitez pas à nous les partager.

Chacune des histoires sera étudiée attentivement et pourra être sélectionnée pour un prochain volume «LES MIRACLES DE L'ADOPTION». Si votre histoire est retenue, nous vous soumettrons une copie corrigée pour approbation et nous vous demanderons une autorisation écrite de publication.

Les personnes dont l'histoire est retenue, recevront gratuitement un exemplaire dédicacé du livre lors de sa parution.

Faites parvenir vos histoires à l'adresse suivante:

Éditions le Dauphin Blanc
C.P. 55,
Loretteville, Qc,
G2B 3W6
Tél.(418) 845-4045
fax: (418) 845-1933

Table des matières

Ville de Montréal

Feuillet
de circulation

À rendre le

06.03.375-8 (01-03)